修补生命的洞

从原生家庭出发，为童年疗伤

胡展诰 著

国际文化出版公司

·北京·

图书在版编目（CIP）数据

修补生命的洞 / 胡展诰著. -- 北京：国际文化出版公司，2021.7（2024.4重印）
ISBN 978-7-5125-1309-9

Ⅰ.①修… Ⅱ.①胡… Ⅲ.①儿童教育—家庭教育 Ⅳ.①G782

中国版本图书馆CIP数据核字(2021)第095198号

北京市版权局著作权合同登记号 图字01-2021-2781号

作品名称：《修补生命的洞：从原生家庭出发，为童年疗伤》
作者：胡展诰
本书由厦门外图凌零图书策划有限公司代理，宝瓶文化事业股份有限公司授权，同意北京品雅文化有限公司代理中文简体字版权。非经书面同意，不得以任何形式任意重制、转载。

修补生命的洞

作　　者	胡展诰
责任编辑	戴　婕
总 策 划	蔡荣建
策划编辑	段会敏
出版发行	国际文化出版公司
经　　销	全国新华书店
印　　刷	北京柯蓝博泰印务有限公司
开　　本	880毫米×1280毫米　　32开
	6印张　　　　　　　　123千字
版　　次	2021年7月第1版
	2024年4月第2次印刷
书　　号	ISBN 978-7-5125-1309-9
定　　价	42.80元

国际文化出版公司
北京市朝阳区东土城路乙9号　　邮编：100013
总编室：（010）64270995
销售热线：（010）64271187
传真：（010）64271187-800
E-mail: icpc@95777.sina.net

传真：（010）64270995

讲一段童年故事，找回成熟大人的力量

许皓宜（心理咨询师）

在大学工作十五年，我见过许多因家庭而受伤的孩子。

说是孩子，似乎又有点不对，因为这些孩子多是年满十八岁，已经成年，是个大人了。很多时候，他们虽然人在学校，但心还在受伤的家庭里。在医院和小区的工作让我这种感受更深。不论是三十岁、四十岁、五十岁，甚至更年长的人，谈起父母，多是心有怨怼，罕见对童年经历充满正向记忆。

童年时，有些人被父母责罚、毒打；有些人不被父母肯定；有些人因为父母婚姻不和而被忽视；有些人则夹在父母关系中间，变成那个调解冲突的"小大人"……纵然那些事情已是过往，但回想起来仿佛还在发生。一个不幸的童年，对许多人来说，就是在生命最初就遭遇诅咒，令人久久无法自拔。

这些年，我看见人们对于童年伤害的认知正在觉醒，但也有许多人因为内在的负面想法持续出现，而不自觉地沉溺在一

种黑暗的心态当中。在这种情况下，心理学和心理专业人员变得非常重要，然而，从事贴近人心的工作，也考验着专业者自身的立场与信念是否足够沉稳。

初次与展诰相遇是在广播电台的节目录制中，记得当时他因出书而接受我的采访。当展诰走进录音室时，我真有种阳光洒进来的感觉，因为他脸上的微笑展现出一种让人想要亲近的温暖。而坐下来谈话片刻，我就发现他是一个靠说故事就能让我们又哭又笑的人。

当收到展诰的书稿——《修补生命的洞》时，我很开心。我曾经听朋友开玩笑说，不了解心理咨询的人，恐怕会以为展诰的新书主旨是劝人"离家出走"。实际上展诰所表达的是，如何重整原生家庭经历，对自我进行修复，谈的是"离枷出走"的概念。展诰在书中告诉我们，所有不愉快的家庭记忆重点并不在于过去曾经发生了什么，而是为何这些事情会变成我们心上无法解除的"枷锁"，持续影响我们成年后的人生，阻碍我们成熟起来。

我认为，一个成熟的大人是在能看见自己的童年伤痛之外，还愿意用成年后的温柔眼光去发掘自己随着年龄增长所带动的潜能。而展诰的新书，正是我们找到自我疗愈的钥匙。

展诰新书最珍贵的地方，是用充满温暖的言语，述说动人的故事，陪伴我们打开记忆之门，学习接受自己的脆弱。

是的，我们终究可以成为一个愿意信任自己的大人。

该不该诚实面对自己？

"要不要动手写这本书"这个问题，我在心里拉扯了好久。这种拉扯，就像那些前来咨询的孩子一样，总是犹豫着要不要对我说出发生在家里的事情。

我曾经在某个小学等待一个孩子前来晤谈。他读小学二年级，因为遭到父母长期的肢体暴力而被通报给相关部门，于是被安排来接受心理咨询。那是我们第一次见面。

上课铃声响起，孩子弱小的身影独自出现在咨询室门口。一脚才踏进来，还不待我开口，他就用稚嫩的声音大吼："我才不要跟你讲话，爸爸妈妈说你们都是坏人，都是来乱问问题的。"说完就侧过小小的身子，摆明了不配合的态度。

这种行为在心理咨询中通常被称为"抗拒"，如果这样的互动模式持续下去，他的心理辅导记录就会是，不愿配合心理师，个性固执，难以建立关系，疑似有对立反抗或情绪障碍倾

向，建议安排特殊教育鉴定……可是，真的只能这样吗？

我们经常只关注一个人的"抗拒"行为，而忽略了他抗拒的原因。也就是说，一个人"行为表现得如何"似乎比他"为什么会有这样的行为"更受关注。在讲求"孝"与"顺"的文化价值下，孩子鲜少从父母的身上获得"理解"。因为孩子那些没有满足社会期待的行为表现，很快就会被贴上一张张负面的标签，从此难以"翻身"。

可是，我们是否思考过：

- 是什么让一个孩子即使遭受暴力对待，也不愿意将某些事情说出口？
- 那小小的身子不惜让自己受伤，也要用尽全力守护的东西是什么？
- 是什么让他努力将家里的事情化成不能说出口的秘密？
- 有没有可能他只是谨记父母教他"不随便与陌生人讲话"的提醒？
- 是否因为无法判断说出来会不会有负面影响，所以干脆选择沉默？

沉默得太久，会离"自己"越来越远

我们多数人认为，把在家里、在成长过程中受苦的经历讲出来，是一种对原生家庭的攻击，是对父母的背叛。事实上，只有把受苦的经历讲出来，承载悲伤的眼泪、包裹委屈与痛苦的情绪，才有机会找到出口好好地宣泄出来，同时为自己长期受到压迫的内心清理出宽敞的空间，重新构造健康的故事。

然而，想要表达真实的自我有一个重要的前提。

很多人认为，只有"说"出来，才有机会被他人理解，但是容易被忽略的是：一个人只有先被理解，才会感受到自己是被接纳的、是安全的，才能勇敢地面对自己的经历，说出自己真实的内在感受。一个从小就缺乏父母理解的孩子，总会有"想表达自己却总是失败"的挫折感与无力感。

儿童与青少年在咨询室里选择"不说"的行为，经常与其内在难以去除的担心与害怕产生共鸣："我是否可以诚实地告诉父母，他们挂在嘴边的某些话让我很受伤？""我可以拒绝父母为我做的某些安排吗？""我可不可以让父母知道，他们认为的'好'，有些时候其实让我觉得很压迫、很不被尊重？"

或许因为曾经诚实地说出口却惹来责骂；或许因为不知道说出口到底有没有效，所以宁可选择忽视、选择压抑，也不愿再多说些什么。到后来，我们甚至彻底忽视了自己的真实感受和需求。那么，如果我把这些话说出来，会不会等同于那个在咨询室里诚实说出家庭状况的孩子，被认为是背叛父母、否定父母的努力与付出呢？站在孩子的角度，我确实会有这样的担心。

然而在拉扯的过程中，我终究还是写出了这本书。

我写得很慢，也相当煎熬。因为，书写这些内容难免会触

碰到孩子成长过程中与父母的许多冲突，有愧疚，有恐惧，也有伤痛。而支撑我持续写完这本书的动力，是我决定投入心理咨询师这个领域的初衷。

作为一名协助他人处理情绪困扰的心理咨询师，我并没有治疗各种疑难杂症的能力，能做的只是努力陪伴来到我面前的每一位来访者，听其行为背后的努力、委屈、失落等各种一直被压抑、被忽略的情绪感受。期待来访者可以带着这份被理解的经验，重新找回真实的自己，生出继续面对挑战的勇气。

在这本书里，我努力通过平实的语言、日常生活中常见的互动模式，使读者具备更清楚的视界，看懂生活在这种文化中的自己，是如何与原生家庭互动的。

本书共分为三部分，读者可以视自己当前的需求选择相关的章节阅读：前四章我会陪伴读者一同探索童年是如何在家庭中受伤的，我们可以从哪些方面窥见自己的受伤经历。第五章则是引导读者检视在与父母的互动中，习以为常用来"求生"的"行动"。最后两章，我用这几年的实际工作经验，与读者分享如何调整自己的态度与方式，陪伴自己走向更健康的关系与生活。

倘若在阅读这本书、探索童年家庭经历的过程中，遇见了自己的眼泪，请读者不要责骂它、拒绝它。

因为眼泪所在之处，也充满了故事。

目录

CONTENTS

第一章　隐身在幸福童年背后的秘密　\\ 001

一、我们都可能带着伤长大　\\ 002

二、我们的童年是如何受伤的　\\ 006

三、父母给孩子的伤害常常隐晦难辨　\\ 011

四、为何要检视早年的伤口　\\ 016

第二章　被剥夺自信的孩子　\\ 021

一、总是被拿来跟别人做比较　\\ 023

二、怎么努力都得不到肯定　\\ 029

三、满满的批评与贬低　\\ 036

四、错误的设定：我是不值得被爱的人　\\ 042

第三章　被忽略情感的孩子　\\ 045

一、禁止表达情绪　\\ 047

二、"小大人"训练班　\\ 053

三、无微不至的安排——你不懂，所以必须听我的　\\ 059

四、错误的设定：我是不重要的人　\\ 064

第四章　　被控制行为的孩子 \\ 069

一、踩地雷般的亲子互动 \\ 070

二、关系的撕裂 \\ 076

三、充满矛盾的信息 \\ 082

四、错误的设定：我是一个没用的人 \\ 090

第五章　　展开求生的行动 \\ 093

一、"求生"是与生俱来的本能 \\ 095

二、为求改变而对抗 \\ 100

三、因为无力而逃跑 \\ 104

四、摆脱无力感，寻找有效的行动 \\ 110

五、想要改变，你必须有的三个心理准备 \\ 114

第六章　　为伤害设停损点：改变的前奏曲 \\ 119

一、改变，必须从自我觉察开始 \\ 120

二、拒绝缺乏同理心的廉价劝告 \\ 127

三、停止重复无效的行动 \\ 134

第七章　　启程：重新找寻回家的路 \\ 145

一、重新调整你与家庭的关系 \\ 147

二、练习欣赏自己：采用正向的新视角 \\ 154

三、练习尊重自己：采取新的应对姿态 \\ 165

结语　为生命创造正向涟漪 \\ 175

后记　你，看得见自己吗？ \\ 178

第一章

隐身在幸福童年背后的秘密

如果这世上有唯一纯粹的东西，也许
就是孩子渴求被父母疼爱的心情。

——冈田尊司

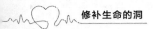

我要邀请你从三个"快问快答"开启这本书的阅读：

（1）请你迅速找出三个形容词来形容你的童年生活。

（2）提到"童年创伤"，你会想到哪三种家庭环境？

（3）提到伤害孩子的家庭，你会想到哪三种类型的父母？

一、我们都可能带着伤长大

在你思考问题的同时，我来分享一件令我印象深刻的事情。

几年前，我跟朋友一起到火锅店聚餐。席间，隔壁桌的一个小男孩在店里到处奔跑、大声喊叫，其他桌的顾客纷纷出言规劝却不见效果。孩子的妈妈年轻时尚，似乎没有注意孩子的状态，也不太理会其他顾客的眼光，只顾着和同桌的姐妹们开心畅谈。

没过几分钟，小男孩在跑跳中失去重心，撞翻了我朋友手上盛满热汤的碗，滚烫的热汤和着火锅料洒在我的牛仔裤上，也溅到小男孩身上。小男孩吓着了，号啕大哭，冲到了母亲身旁。

你们猜，小男孩的母亲是什么反应呢？

赶紧检查小男孩是否被烫伤，安抚小男孩惊恐的情绪？还是向被烫得从塑料椅上跳起来，抓着满是热汤的长裤不知该如何是好的我道歉？

不，都不是。

只见母亲高高举起右手，描绘精致的指甲迅速在空中划出五条锐利的彩色弧线，"啪"的一掌用力扇在小男孩脸上，力道之大，让他足足转了两圈后才跌坐在地上，小男孩脸上堆满惊恐。

"讲了几百次，怎么都不听！你把我弄脏怎么办？你怎么不去死！"年轻的母亲勃然大怒。

看到母亲的反应，所有人都目瞪口呆，但没人敢开口说话。

在场的顾客或许在私下议论这位母亲的管教方式不当，或许归咎于小朋友太调皮，抑或只是拿来当作茶余饭后的谈资。总之离开火锅店后，这件事很可能不会占据任何人的记忆空间。对许多人而言，结束这场饭局，走出这家火锅店，一切如船过水无痕。

但是这件事，可能对这个小男孩有很大的影响。

先不论母亲管教疏漏之处，让我们把焦点放在这个小男孩可能受到的影响上。他难以意识到的是，自己虽然被热汤烫伤了，但是得到的不是安抚与照护，也没有学到自我保护的方式，而是再一次受到伤害（被母亲扇巴掌）。如果母亲继续采用同样的教养方式，这个小男孩在以后的成长过程中很可能会这样告诉自己：

- 算了，反正我受伤也不会有人关心我。

- 我被烫伤还没有妈妈的衣服被弄脏重要。我是没有价值的人。

- 我只需要对妈妈负责，只要妈妈开心，我和其他人的感受一点都不重要。

- 父母关心的方式就是打骂，我之所以会被打骂，一定是我自己有问题。

- 那些相信父母会无条件爱孩子的人真是蠢蛋，这根本是不可能的事。

对这个小男孩而言，比起热汤洒在身上的疼痛，脸颊上那犹如在伤口上撒盐的一巴掌，可能让他更加难受。身体的创伤会因为修复机制的修复而慢慢好转，内心的创伤却会随着时间逐渐恶化。

如果母亲的教养模式依旧没有改变，小男孩就会在内心建立起"我是没有价值的人"的假设，在往后与母亲的互动中一次次重复获得证实，然后形成难以撼动的负向信念。

然而，究竟是这个孩子真的不值得被爱，还是母亲在这个过程中只顾着满足自己聊天的需求，而忘了提醒孩子、适时制止孩子，甚至在孩子受伤时没有对孩子给予适时的安抚与照顾呢？

看了上述例子，我要邀请你重新检视在成长过程中觉得再平凡不过的一些事情，看看你是否会有不同的感受。

- 在学校被欺负，回家却被父母责骂："你怎么这么笨？怎么不懂得保护自己？真是没用。"
- 当你感冒发烧或身体不舒服时，却总是被父母嘲讽与责备："谁像你这么体弱多病？你怎么不懂得照顾自己？看病不用花钱吗？"
- 每当家里生意清淡时，你就必须绷紧神经，避免因为任何小差错惹来父母的打骂。
- 不论你多么努力帮忙做家务，获得好成绩，父母还是觉得你不够好，应该更努力。
- 当你为自己优异的表现雀跃不已时，父母笑你眼光短浅，警告你别太自满。
- 当你开始产生自己的想法时，父母责怪你叛逆、不受教。
- 当你想要专心忙自己的事情时，父母指责你太以自我为中心。

你是否经历过上述某些情境，虽然感到不舒服、不服气，但还是不禁责备自己：都是我没用、太自私、不孝顺，是我不好（虽然你也不清楚自己到底哪里不好）才会惹得父母不开心。这种不舒服的感觉累积太久、太多，就成了我们难以辨识却影响我们一辈子的"伤"。

二、我们的童年是如何受伤的

提到"受伤"这个词，很多人总会联想到身体受到的伤害，若进一步提到心理的创伤时，可能就会感到困惑：心理创伤？心理哪来的创伤？我父母的婚姻维持了几十年，纵使家里的经济条件算不上富裕，但日常生活所需并不匮乏，手足之间感情和睦、融洽，家人都有正当的职业，父母行有余力还会参与小区的公益活动，甚至在我小学时，我们家还被学校推选为模范家庭……这样的成长过程，怎么会有创伤？

简单来说，大多数家庭属于老师来做家访不会停留太久、服兵役时不会进行特别的家庭调查、从未有警察或社区工作者来访、与邻居不曾有什么重大冲突纷争的类型。

那么，从小在这种家庭环境中长大的人，何来"受伤"之说呢？

让我们来看看，这些经常挂在父母嘴边的话。

- 我数到三，再吵，你就留在这里，我不要你了！
- 隔壁的孩子比你懂事，放假就乖乖回家帮忙干活。
- 谁像你一样爱哭 / 生气 / 撒娇……
- 你可以争气一点吗？你看你哥哥，从来没有让我们担心过……
- 你要是有这么多意见，以后过年不如不回来！

- 我们辛苦赚钱养家，工作累了，骂你几句难道不行？
- 隔壁某某的孩子念书都不用爸妈操心，每次都考高分！
- 你以为会考试就了不起吗？会……才有用！
- 我真是后悔生下你！
- 一把年纪了还不嫁人，你以为自己有多了不起吗？
- 等你以后当了父母，就会理解我们的苦心！

这里面，哪一句话你最熟悉？哪一句话最容易惹怒你？哪一句话依旧令你既委屈又难过？哪一句话总是深深刺伤你的心，却又令你无法为自己反驳？如果可以，你最希望父母停止继续对你说哪一句话呢？

父母或许认为自己"说者无心"，或许委屈地抗议："我会这样说，也是为了让孩子继续进步，提醒他们还可以更好。"但无论如何，这些语言的确带有某种程度的伤害性，侵蚀着孩子的自信心与价值感。

我认为，父母在生活中认为"对孩子好"，事实上对孩子造成伤害的行为包括以下三种。

1. 肢体暴力： 各种体罚、殴打、禁止饮食、疏忽或不当的照顾等，对孩子的身体发育造成实质性伤害的行为。

2. 语言暴力： 比较、嘲讽、批评、贬低、辱骂等，借由语言否定或贬低孩子的价值。

3. 情绪暴力： 情绪化、冷漠、刻意忽略、控制等，通过各

种方式将自己的情绪发泄在孩子身上，或者要孩子为父母的坏情绪负责。

长期生活在这种环境下的孩子，产生的负面情绪大致可以分成三种类型。

1. 总觉得自己"不值得被爱"：觉得自己是没有价值的、不值得被喜欢的。

2. 总觉得自己"不重要"：不应该为自己着想，觉得满足别人的需求比自己还重要，不应该有自己的想法，不应该表现得太好，却也不应该做错事情。

3. 不知道自己到底"该怎么办"：总是困惑于怎么做才不会得罪别人，才可以让大家都满意，而不会先思考自己可能会因此被牺牲或受到伤害。

关于这三点，将会在第二章至第四章详加讨论。我们先来了解一下，父母的话是如何对孩子造成伤害的。

每次电影散场，如果电影是感人或虐心的结局，影厅大灯一亮时，总会看到一些人在擦拭泪痕，流畅的动作如同呼吸或喝水那般自然。

但大部分观众生怕别人看到自己落泪的窘况，在感人的桥段上演时"恰好"起身去上厕所，赶紧喝一口冰可乐或塞两把爆米花到嘴里，借以转移他人注意，或者在灯光打亮之前迅速抹去眼泪。

至于那些太过入戏以致来不及"处理"掉眼泪的人，只能用力扭曲自己的脸，避免让眼眶里的泪水掉下来。

但除了这些反应，有更多人是无法接触自己内在情绪的，也就是当他们处于被感动或触动的情境时，往往会告诉自己，这些都是假的、虚构的、没有意义的，因而也无须有特别的情绪。

是什么让"流泪"与"表达情绪"成了大人的禁忌？我们以两段童年经历来说明。

欣婷小时候时常与年纪相仿的两个表姐在一块儿玩，是"有福同享、有难同当"的好姐妹。

小学毕业前夕，表姐一家突然决定移民。送她们到机场，欣婷告别时用力挥手，哭得稀里哗啦，不舍的心情化为止不住的泪水。

等到表姐一家的身影消失在走道的另一端时，父亲突然大骂道："你看到哪一个孩子跟你一样哭成这样？又不是有人死了……真够丢脸的。"

看到父亲这么生气，欣婷错愕地收住了眼泪，以为是自己做错了事，虽然她根本不知道自己到底错在哪里……

小学二年级的宗宗向同学借了二十元钱，却迟迟没钱还给对方，结果同学找了几个人到班上打他。第二天，宗宗的母亲到学校找到该同学，帮宗宗还了钱，同时提醒该同学不要使用暴力。

回想起被人围在角落里拳打脚踢的场景，加上担心同学会

再来找自己麻烦，一旁的宗宗害怕得啜泣起来。

没想到之后，母亲时不时就在大家面前提起这件事情："实在很没用。打他的人一副振振有词、得理不饶人的样子，只有他哭得跟什么似的，难怪同学不打别人，偏要打他。"

每次听到母亲这么讲，语气里夹带着一些嘲讽、一些对他的失望，宗宗觉得很困窘，却也无法反驳，一股气闷在胸口，无处发泄……

请大家思考一下，这两个小孩在往后的成长过程中，会对"哭泣"或"自己的情绪"赋予什么样的意义？

长大以后，当欣婷面对与他人分离的情境时，很可能会大方地给予对方祝福，贴心地提醒对方赶紧上车别耽搁了时间，然后潇洒地告诉自己：人生本来就没有不散的筵席……你或许认为她是"长大了""变得成熟稳重了"，但在她的内心关于分离的"不舍"已经悄悄地消失了。

长大后，宗宗或许已经忘了当年的事情，但其内心时刻有一种声音在提醒他：不可以掉眼泪，不能表达脆弱的情绪，不可以感到害怕，有负面情绪绝对不是好事情。

两个孩子面对内在情绪的方式从压抑、否认到隔离，最终让自己成了一个没有情绪感受的人。

他们很难找出让自己不舒服的原因，也不清楚为什么自己的真实情绪会被隔离，更难觉察父母的一个眼神、一句话，带来的负面影响竟然延续了如此之久。

而童年所受的伤，就是在这种与主要照顾者之间看似平常的互动中，一点一滴地堆积成山……

三、父母给孩子的伤害常常隐晦难辨

承志对那些覆盖在饭上的烤鳗鱼或龙虾色拉，丝毫提不起食欲，他很少去碰自己的午餐饭盒，任凭同学将那些他们在日常生活里鲜少见到的美食瓜分一空。

承志的父亲在外地经商，每天晚上都是他陪着母亲上各种餐馆。虽然每天的晚餐都不同，但餐桌上总是笼罩着同样的氛围：说不完的孤寂、化不开的怨恨。

母亲习惯在餐桌上抱怨异地经商的父亲如何辜负她，猜测父亲此时此刻正在拈花惹草。

母亲碎碎念叨着，他安静地听着。

有几次，他实在太饿了，忍不住吃了几口饭，母亲似笑非笑地叹着气说："唉，孩子就是孩子，听了这种事情，竟然还吃得下饭。"

听到这些话，他觉得是自己做错了事，惹得母亲不开心，于是后来即使饥肠辘辘，也努力克制住想夹菜的手，但母亲又摇头道："唉，男人真是难侍奉，家里什么都有，却只想往外跑。别人吃不起的餐厅，有人却连菜都不想夹。"

承志听不懂其中的隐喻，只是越来越困惑，觉得自己好像

怎么做都无法让母亲开心。

母亲很少吃饭，只是喝酒，然后对他说："还好有你陪在我身边，自己生的果然才是最听话的。小志，你不会离开妈妈，对不对？"

这话对承志来说不难理解，他用力点头。

渐渐地，承志知道"应该"怎么表现了。

他学会了放学后立刻回到母亲身边，耐着饥饿听母亲抱怨，懂得适时跟着骂那个"负心的男人"几句，努力吃光母亲夹到他碗里的美食……

那一刻，他很开心自己终于学会当母亲眼中孝顺的孩子……

承志从小就学会了放弃自己的需求，以母亲为生活的中心。带着这样的信念成长，他可能会对成年男性抱有某种敌意，对自己的需求嗤之以鼻，也可能将母亲永远摆在自己的亲密关系之前，由母亲来决定自己的大小事，拒绝离家到异地工作与生活……而这些，都将成为男孩成长与独立的羁绊。他成了母亲眼中忠诚的孝子，付出的代价则是消灭"自我"。

他也许会讨厌这样的生活，觉得自己总是活在某种无形的牢笼里。对于那些拥有主见、能够去世界各地度假与工作而广见世面的朋友，他既谴责他们不顾父母的感受，却又羡慕他们身上拥有自己所没有的"自由"。

对于母亲，他的感觉错综复杂：既有陪伴母亲的责任、对母亲的爱，又有些怨恨、有些责怪，却又觉得自己不应该对母亲有这些负向的感受……每当理不清头绪时，他就会更讨厌内在如此模糊不清的自己……

然而，这些负面的影响因为没有在身体留下明显的伤痕，也不能证明会影响孩子的生长发育和生活作息，所以不容易引起他人的注意。

另外，这些负面影响通常来自家庭内的亲子互动，本着"清官难断家务事""家家有本难念的经"的传统态度，大部分人即使看不惯某些家长对待孩子的方式，也不会出言相劝或者介入其中。

很多人认为，"质疑"父母教养孩子的方式，是一种"不孝至极"的行为：

- 父母这么辛苦养家糊口，将我拉扯大，我怎么可以回过头去指责他们？
- 或许在成长过程中的确有些不愉快，但那也是因为我自己不够懂事，或者是我太脆弱了。
- 即使他们真的有什么不恰当的行为，肯定也是为了我好。
- 如果没有父母，我根本不可能来到这个世界。

这些话简短有力地反驳了我们对父母在教养孩子过程当中一些做法的质疑："感恩都来不及，怎么能对父母过往对待我们的方式加以'清算'？"

因此，对生活在崇尚孝道的东方文化下的你而言，阅读这本书，重新检视父母对你的教养过程，你的内在或许会感到矛盾、冲突。即使是我自己在演讲或工作的场合谈这个话题，也经常会引来成员们的抗拒与质疑。

或许正是因为处于这样的文化氛围，那些因为师生冲突被"移送"到教务处或辅导处的孩子，才会被贴上一张"不受管教"的标签。因为，父母总是辛苦的，父母是成熟而稳定的，父母知道什么对孩子才是最好的，之所以会发生冲突，肯定是这个孩子不懂事、不受管教、不懂得感恩。

总而言之，就是"天下无不是的父母"。

如果父母真的这么认为，那么当我邀请父母回顾童年经历时，应该会有许多美好的回忆。例如，即使家境辛苦，一家人也充满幸福的互动；即使父母严厉，也从未让他们受过委屈。实际上，他们的反馈和回应并不是如此。

我在与父母进行沟通时发现，他们对"探索童年经历"的环节总是嗤之以鼻，他们多会表示："年代久远，想不起来了。""想这些干吗？想了也没用。""生活已经够忙了，哪来那么多时间去想那些不重要的事？"仿佛童年经历对他们早已事过境迁、毫无意义，即使他们好不容易能触及一些早年记忆的零碎片段，也总是用一种乏善可陈的语气陈述。

对于童年所受的伤，有三个原因让人们在成长过程中有意识或无意识地选择否定这些经历。

原因一：避免再次勾起童年不舒服的情绪经历。

小时候经历过的痛苦事件，如半夜被罚站在寒冷的门外；在大庭广众下被父母拿来跟其他孩子做比较；被藤条抽打完后，还被命令祖露着伤痕到商店买东西……那种恐惧害怕、羞愧丢脸、惊慌失措的感受，即使现在能够回想起来，也会令自己感到不舒服，甚至责备自己当时的无能与脆弱。

原因二：避免面对一个难以接受的事实。

原来以为最爱我的父母，对待我的方式却对我造成伤害，而那伤害造成的影响甚至延续至今。

父母，毫无疑问是我们在这世界上的至亲，我们期待来自他们的关爱、安抚及认同。我们也将父母作为成长过程中最重要的、最安全的堡垒。是父母稳定的存在，让我们相信自己在这个世界并不孤单，也不至于暴露在危险的情境下。

一旦孩子觉察到父母的某些行为其实是为了满足他们的私欲或者是一时大意，甚至是为了宣泄个人的情绪，而对孩子做出有害的行为时，对孩子而言，当然是难以接受的事实。

原因三：与前述提及的文化因素相背。

基于对父母的孝顺与忠诚，我们不应该也不允许自己对父母的所作所为有所质疑。

因此，为了避免不舒服的情绪与认知失衡，我们通过各种心理防卫机制，如压抑（这没什么，过了就算了）、否认（不会了，一定是我记错了，爸妈才不会对我说这些话）、合理化

（就算爸妈说出这些难听的话，也一定是为了我好）等等，来看待这些伤害我们的语言或行为。

四、为何要检视早年的伤口

记得在我小时候，那个对药品广告还没有严格管制的年代，电视上经常会出现几款具备"神奇效果"的"万用药粉"或软膏的广告，不管是烧烫伤、刀伤还是擦伤，手指一挖、轻轻一擦，伤口就会迅速复原。

后来听大人说起这些药的效果，轻伤还行，若是严重一点的伤口擦了这类药，往往是表皮看似愈合结痂，实际上内部持续化脓、溃烂，结果延误了就医的最佳时机。

爱丽丝·米勒（Alice Miller，1923—2010）在其撰写的《幸福童年的秘密》一书中强调，拥有幸福的童年是大多数人的渴望，因此即使在成长的过程中因为父母的疏忽、语言、攻击而受了伤，也会告诉自己那些都不是真实的，或者说服自己是自己记错了，借此来维持内心深处所期待的幸福童年的幻想。

唯有维持这份幻想，才能让自己拥有内在最渴望的，来自父母最纯洁无私、真挚深刻的爱。为了努力不让这份幻想破灭，也因为爱着自己的父母，这些孩子拒绝别人的协助，抗拒学校老师的探问，敌视那些对父母出言相劝的邻居……

大多数成年人对于过往的事情，总是用一句"不要想太多"草草带过，但这种轻忽情绪与感受的态度，就像电视广告中那些疗效堪忧的药，或许表面上让人看不出来某些情绪，但心里的伤持续被忽略、被压抑。

没有被我们正视的创伤经历，并不会因此而消失无踪。相反，那些我们在成长过程中被忽略的需求、被压抑的情绪、没有被理解的委屈，都可能持续累积成一股强大的能量，直到我们长大成人、拥有更多的行动力之后，采取各种方式来宣泄内在的不舒服，或者转化成疾病的形式，造成身体或精神方面的伤害。

然而，重新检视我们在成长过程中所经历的痛苦、遭受的伤害，并不是为了列出一张验伤单，然后向父母高喊："看吧！你们对我做了多少过分的事情！""我现在之所以过得这么糟，都是你们害的，你们造成的！"相反，重新回顾自己的童年经历，是为了帮助我们对"如何成为现在的样子？""是什么建构出我们的行为模式？""是什么总是隐隐地影响着我们的情绪？""是什么影响着我们看待自己的眼光？"等问题有更多的认识。

因此有三个重要的理由，值得我们重新检视童年所受的伤害：

（一）有机会为自己疗伤

觉察、整理"父母对我们造成的某些伤害"虽然痛苦，但

是能够帮助自己突破盲点，探见自我更真实的样貌。

父母说不出口的肯定，不代表我们不值得拥有，而父母经常施加在我们身上的批评，也不代表我们真的就是那个样子。唯有如此，我们才能将自己与父母口中的我们清楚地划分开来，尝试用不同的眼光来看待自己，用不同于以前被大人伤害的方式来重新爱自己，找回自己的价值感。

（二）保护自己，避免再被伤害

要知道，即使小时候的我们无力抵抗，现在的我们也无法改变父母对待我们的方式，但长大以后的我们跟孩提时期已经发生了很大的变化。虽然还是会在意父母的感受，还是会期待得到父母的认同，但我们已经拥有独立思考的能力，也必须承担起独立生活的责任。

当我们觉察到父母以前对待我们的方式可能对我们造成伤害时，我们可以寻找不同的应对之道，或许是改变回话的方式，或许是拉开彼此的距离，或许是降低碰面的频率。

这些改变的初期可能会引发冲突（因为父母不习惯你的改变），但唯有如此，才可能避免在亲子关系中持续受伤。

（三）避免用相同的方式惩罚自己、伤害他人

成长的过程中，那些来自父母对我们的指责、负向评价，会形成我们对自己的认识，并且建构出一套"错误的设定"，

进而让我们用负向而偏颇的视界来看待自己，也影响我们与他人互动的方式。

当我们能够正视并反省父母带有伤害性的话时，我们才能与这些语言划清界限，避免将这些话作为自己处世的价值与行为的圭臬。

唯有如此，我们才能停止在成年之后，继续用父母所讲过的话来责备自己、捆绑自己，甚至伤害我们周围的人、我们的下一代。

这趟回顾童年与父母互动的旅程是很艰难的。

对某些不常回顾自己生命经历的人而言或许很陌生，也很不容易。而对某些看完前面的内容就已经对自己童年创伤有所察觉、产生共鸣的人，更是需要相当的勇气。

然而，请你记住一件事：无论如何，我们已经长大了，不再是以前那个嗷嗷待哺，只能通过父母的喂养与保护才能生存，手无缚鸡之力的小孩。那些曾经的伤痛或许令人难过，但在回顾的旅程中，我们发现自己已经长大成人，拥有了保护自己的力量。

给自己一个机会，让我们陪伴自己开启一段跨时空之旅，看看童年时期的某些片段、某些语言带给我们的并且至今仍深深地影响着自己的伤害。

在本书中，你将会看到我秉持以下这些态度，作为讨论"父母带给孩子的伤害"及"鼓励孩子勇于尝试改变"这两件

事情的重要基础。

- 孩子是一个活生生的人，而不是父母用来满足自己过去未被满足的期待的工具；即使孩子具备卓越的情绪同理能力，也没有责任及义务作为疗愈父母过往创伤经历的工具。

- 每一个孩子都有被父母肯定与认同的需求和渴望，而这些需求和渴望是孩子建立自我价值时非常重要的养分。

- 孩子为了得到父母的肯定与认同，愿意竭尽所能地努力。许多孩子在发现无论如何都无法得到父母的认同时，可能会转而通过偏差行为来获得同辈的注意与肯定。

- 孩子期待与父母保持安全而稳定的联结。亦即不管自己做得好不好，父母都愿意爱自己，陪自己去面对眼前的困难。而在孩子成长的过程中，父母在孩子童年时期的陪伴将会慢慢地内化成孩子的安全感，以及与他人建立亲密关系时的依据。

- 父母养育孩子的努力与关爱是无法被否定的，但并不代表他们说过的某些话、做过的某些事，不会对孩子造成伤害。

- 在爱与伤害之间，并没有一条明确的界限。许多我们难以觉察到的伤害，经常潜藏在以爱之名的语言或行为当中。

- 探寻童年的创伤经历不是为了报复父母，而是为了疗愈自我，让自己拥有更健康的生活态度与人际关系。

第二章

被剥夺自信的孩子

父母就像我的照妖镜，从他们眼里，
我总是只能看见自己最丑陋的那一面。

- 你之所以有现在的成就，只是因为运气好。
- 别因为表现得不错就得意，你随时会被淘汰。
- 拜托！别人对你的称赞，都只是客套话而已。
- 你若真的相信别人的赞美，那你也太天真了。
- 你怎么这么笨？连这么简单的事情也做不好。
- 你们这些孩子，总让我们做父母的放不下心。

在孩子的世界里，最可怕的事情莫过于感受到被自己的父母"遗弃"。

这里所指的"遗弃"，不是社会新闻里那种被父母弃养、赶出家门的情况，而是指孩子主观感受到若表现得不如父母所期待的那样，就不被父母喜欢、肯定、关注的感受。

例如，有时候明明在同一个空间里，父母会刻意和其他人热切交谈，转过身却用冷淡的态度面对自己的孩子，仿佛他并不存在于这个空间，或者没有被理会的资格。

孩子在这种情境下很容易产生被遗弃的恐惧，因而努力地想做些什么、说些什么来获得父母的关注。然而，让孩子感受到这种焦虑，正是父母想要的结果——因为你不乖、不听我们的话，所以你要被惩罚。

这种惩罚带给孩子几近窒息的恐惧，我不确定孩子是否因此学到适当的行为表现，但这种经历很可能会让孩子深刻地感受到："我是坏孩子，我不好，所以父母不理我。"

这类孩子心里面最常出现的困惑就是："我真的是你们亲生的吗？为什么你们这么不喜欢我？"

一、总是被拿来跟别人做比较

每次在演讲中，我都会开玩笑说东方人的父母有一项共同的专长，就是"称赞邻居家的孩子"。家长们听了都会发出一阵笑声，随即便沉默下来。

一开始的笑声往往是因为自己小时候也有过类似的经历，不管自己多么努力，父母还是觉得别人家的孩子比较优秀。而接下来的沉默，则是因为发现自己在为人父母之后，好像也开始拿自己的孩子去跟别人家的孩子做比较。

相信很多人都有类似的经历：小时候被父母拿来跟班上的同学或邻居家的孩子比成绩、比身高、比做家务；长大以后，比大学名气、比专业；进入社会之后，比工作类型、收入、另一半的背景，以及生了几个孩子。

你曾经以为长大后就能脱离这种被比较的命运，但父母或长辈总能找到各式各样的名目，继续拿你去跟别人做比较。虽

然在这种比较的过程中，你觉得很不舒服，但是被比较久了，就像是温水煮青蛙，慢慢地我们也开始不自觉地将自己或家人拿来跟别人做比较。

如果你问这些父母为什么要拿孩子（甚至是拿自己的伴侣）跟别人比较，说法不外乎三种：

* 有比较才会有进步。
* 跟好的人比，才会向他看齐。
* 如果自己表现好，干吗害怕跟别人比较？

（一）痛苦的"双重束缚"

大部分父母拿自己的孩子跟别人做比较，是要告诉孩子："你看，别人都做得到，为什么你就不行？"

但是，通过"比较"真的可以让一个人充满行动的力量吗？请你回想一下自己曾经被拿来跟别人做比较的经历，你究竟是能真心欣赏他人的优点，想向他看齐，还是感觉到自己真的不如别人，并且因为这种被看不起而感到受伤、愤怒？

父母经常说，他们这么做都是为了"督促你进步"，甚至还暗示"如果你不愿意接受被拿来跟别人做比较，那就代表你自己不够好"，而你是否也发现：每次听了这些话，总觉得好像有些道理，却又感到不舒服？

这到底是为什么呢？

因为，在这些话里你同时接收到了两个相互矛盾的信息。

也就是，一旦你接受了被父母拿来做比较，就代表你的确可以任人摆布，也同意他们可以随意拿你来与别人做比较；倘若你不同意父母的行为，那你就变成他们口中那个"一定是因为表现不好才害怕跟别人做比较"的孩子。

在这样的双重束缚下，你怎么选择都不是，怎么做都像是被惩罚。

经常被这种信息夹击，你的心情又怎么会好呢？

除此之外，"比较"令人不舒服的原因还包括，当父母拿你去跟别人做比较的时候，你接收到的信息是，你这个人本身是没有价值的，你只有通过跟别人放在一起做比较，才能得到相对的存在感。因此，如果不跟别人做比较，你什么都不是。

在另一种情境里（或者说一体两面），父母也经常会拿孩子来做比较，比谁的孩子比较"厉害"、比较"优秀"。

凡是在每一年的除夕夜家族围炉、清明节扫墓，或者亲朋好友带着孩子一起聚餐的时候，父母们最喜欢做的事情之一就是把孩子们吆喝到面前，一声令下，要孩子们比比看谁吃的饭比较多、谁的个子比较高、谁的期末考试分数比较高、谁当班长的次数比较多……

年纪还小的幼童一听到这些话，总是拼了命比赛谁先吃光碗里的饭菜，踮着脚尖与对方比身高，努力搬出自己的各种丰

功伟业……看着这样的画面，父母或许也乐得在一旁欣赏。

（二）孩子只有扮演输家的份儿

然而，对于开始进入青春期的孩子，这些比较很可能会让他们感到困窘、厌恶而不予回应，或者要父母停止这种比较。不过，这种不配合的态度，在回家以后很可能又会招来父母一顿责骂。

为什么青少年不愿意配合"演出"？因为他们逐渐感受到，自己在这场游戏里只有扮演输家的份儿。

如果比输了，等于在众人面前赤裸裸地呈现出自己的不足之处，不仅尴尬，回家后还可能会再度被数落。就算是比赢了，除了当下得到些许掌声，更可能会因此被他人讨厌："每次带着孩子来家里，不是比分数就是比谁的奖状多，烦死了。""每次来我家都害我被骂，很厉害，是吧？明天上学一定要找人去揍他！"而亲手将这些孩子推上擂台，展开竞争与撕裂关系的正是他们的父母。

如果父母以为这种"谁比较厉害"的比较会让孩子感受到价值感，那真是大错特错。

孩子在种种比较当中或许可以得到一些鼓舞，但那是空泛而不切实际的正向感受。

一旦你问他："如果不跟这些朋友比，你觉得自己如何？"他很可能会哑口无言。

（三）父母不该拿孩子去跟别人比较

"照你这么说，不就都不能拿孩子去跟别人比较了？"有些父母质疑。

是的，我是这么认为的。

我认为，人本来就不应该通过跟别人比较，来展现自己的价值，而且人在被比较的过程中，往往会受伤大于得益。

我之所以一直反对把孩子拿来做比较，是因为我从小就很清楚这种比较对孩子造成的伤害。

从小，我的学习成绩就不错，因此同学的父母经常把我当作孩子学习的榜样。很多同学自己想出去玩，只要说是"跟胡展诰出去玩"，父母通常都会答应。每一次月考结束后发考卷，父母也总是把我的成绩拿来督促姐姐。

刚开始被比较的时候，我的确很开心，因为我总是"比较优秀"的那一方。为了得到更多的赞美，我就更努力地学习。看起来像是一种正向的循环，但真的是这样吗？

很多人认为身为胜利组"常胜军"的我一定很开心，但慢慢地，我发现同学变得不喜欢跟我靠近，因为只要与我有关的话题总是围绕着学习成绩、成熟懂事，然后他们就等着被自己的父母数落。

人外有人，天外有天。慢慢地，我也开始成为被父母拿来跟别人比较，且总是比输的那一个。

　　为了重新赢得父母对我的赞美，我拼了命地努力学习，努力表现出父母期待的样子，可是人的能力是有限的，即使再怎么努力，也不可能每件事情都达到别人所期待的那样。于是，我也渐渐被淹没在各种"不如人"的挫折里。

（四）一个人的价值不是只有通过与外界比较，才拥有的

　　习惯从比较当中得到鼓励，并以此建立自信心的孩子，注定过得相当辛苦。

　　为了获得他人的鼓励来建立自己的价值感，他们必须费尽心力地满足他人的期待，达到他人设下的标准，而不管这些期待和标准是不是真的符合自己的需求，是不是能够让自己过上真正想要的生活。

　　因为渴望得到别人的赞美，他们总是难以拒绝别人的要求，宁可压抑自己的想法与需求，死心塌地地想："如果他们满意，就代表我是成功的，是有能力的。"

　　至于自己到底想要什么，自己的需求是什么，自己想要过什么样的生活，这一切都不重要了。因为坚持自己的想法不但无法获得大人的赞美，还可能被责骂。

　　但是，万一他们努力之后，别人没有给出他们所渴望的赞美时，那会怎么样呢？

　　一种情况是，他们将会相当失望，不断地反省与自责是不是哪里做错了，哪里做得还不够好，为什么没有得到预期中的

赞美。可是他们没有想过，其实别人给予赞美与否，与自己表现得好不好根本没有直接的关联。

另一种情况是，当别人没有赞美他们时，他们很可能会认为别人之所以没有看见自己的努力，是故意要找自己麻烦，或者故意忽视自己，摆明了是对自己有成见。所以，"努力却没有被看见"的委屈与挫折将会转化成满载怒气的炸弹，掷向身边的人。

上述两种情况，其实都是把评价自己的权利全盘交到他人手上，由他人来为自己打分，评定自己到底做得好不好、表现得如何。

一旦我们习惯了依赖他人的鼓励来灌溉我们的自信，就再也不能从自己的内在生出价值感了。

请记得：一个人的价值不是只有通过跟外界比较，才拥有的。

你之所以有价值，是因为你在这个世界上找不到与你相同的第二个人，你有属于自己喜欢的穿搭、喜欢吃的食物、害怕的东西、擅长做的事、不喜欢的情境……这一切复杂而独特的组合，都足以证明你是独一无二的个体。

二、怎么努力都得不到肯定

对许多人而言，新生儿的降临是欢天喜地的大喜事，可朋友

志豪当了半年的"新手父亲"，却经常食不甘味、夜不成眠。

当同事们知道他成为"新手父亲"后，纷纷道贺并给予祝福，分享各种育儿知识、儿童用品的网页给他，但他总是苦笑以对，没有太多的回应，这也让同事们满心困惑，甚至觉得他是一个不太称职的父亲。

"发生了什么事？"我问。

志豪叹了口气，娓娓道来。

两三年前，志豪在父亲生日那天，偕同新婚妻子带父母到好不容易才订到位置的餐厅，为父亲庆生。

在愉快的气氛下，父亲突然问他们什么时候要孩子，此话一出，立刻像将一颗定时炸弹扔到志豪的手上。

志豪虽早有预感父亲会问这个问题，但还是紧张地表达了他们夫妻并没有生孩子的计划。

"为什么？"父亲皱了皱眉头。

"因……因为经济还不稳定，还有——"志豪一阵窒息。

"难道穷到没办法生孩子吗？"没等志豪说完，父亲放下手中的筷子，音量明显加大了许多。

志豪面红耳赤，不知道该如何接话。

从小到大，他太清楚这种对话接下来会如何发展了。

无论他怎么委婉地说明理由，只要答案不符合父亲的期待，一顿嘲讽或责骂就免不了。一旁不只是新婚的妻子，还有满座的客人，光想到要在这样的情境下被父亲大声斥责，就觉得很丢脸。

出乎意料，父亲什么也没说，但脸上的表情越来越凝重。沉默半晌后，父亲起身离席。

志豪以为他要去洗手间，没想到过了一会儿，却瞥见落地窗外的停车场上，父亲关上车门，发动汽车正要离开。

志豪赶紧冲出去，挨在车窗边试图解释、安抚父亲的情绪，但父亲始终不愿意将车窗摇下，绝尘而去，任凭志豪在车后方追着跑。

透过餐厅大片的落地窗，几乎整个餐厅的客人都看到这一幕。

"那时你应该很难堪吧……"我响应。

"其实已经不止一次了……"志豪露出无奈的苦笑。

之前，他曾借父亲的车去参加面试，碰上下大雨，在高速公路上打滑追尾前车。报警之后，他在惊慌之余打电话告知父亲此事，一方面觉得抱歉，另一方面也想父亲可能会提醒他一些注意事项。

没想到，电话那头的父亲刚听到"车子发生碰撞"，立刻大骂："好好好，你给老子试试看！"随即挂掉电话，惊呆了在高速公路上的他。

还有一次在餐桌上，他向父亲请教买房子的问题，尝试增加彼此的话题。

结果父亲白了他一眼："你才工作多久？你有钱吗？没那个屁股就不要吃那个泻药。"（闽南话"不自量力"的意思）

说完后，捧着碗筷就离开了餐桌。

"那种感觉很像……"志豪想了许久，似乎想不到确切的形容词。

"被自己的爸爸遗弃？"我试着问。

"对！就是这种感觉。"志豪说，"好像只要没有让他满意，或者没有符合他的期待，他就不给我好脸色。

"我会不会被其他人看笑话，会不会难过，甚至出了车祸，到底人有没有受伤，这些好像都不重要，重要的只有事情能不能让他满意。"

"后来呢？"我问。

"后来，为了不让他们失望，我们还是有了小孩……"志豪的语气满是愧疚，"为了生这个孩子，我和妻子几次吵到差点离婚……

"你知道吗？有好几个晚上，当我凝视着孩子沉睡中天真善良，不管到哪儿都受到大家欢迎的脸孔时，我竟有股想要动手掐他、用力掐他的冲动，如果不是因为他，我也不需要经历这么多痛苦。但是我又被自己有这样的想法吓到，毕竟我是他的……"志豪的声音哽咽了起来，呼吸也开始颤抖……

孩子出生后，志豪的父母对这个孙子疼爱有加，时不时就打电话要他周末带着孩子回来给他们看看，有时也主动要他们把孩子留下来，说这样可以帮忙碌的他们分担一些照顾孩子的工作。

"我就说嘛，结了婚就是要生孩子啊！趁年轻力壮时赶快生一个，你看，孩子白白胖胖的，多可爱啊。"

志豪的父母满意地逗弄着怀里的小宝宝，一边露出"我们说得没错吧"的表情。

志豪说，看着父母对这个孩子慈爱至极的眼神，他却感到一阵茫然与愤怒。

之所以茫然，是因为打从他有记忆开始，似乎从未得到过父母这样关注的眼神。而令他愤怒的是，自己从小努力读书、听话、找到好工作，都无法得到父母的肯定，这个刚来到世界上的婴儿，轻而易举就获得他梦寐以求却总是遥不可及的疼爱。

可是每当这样想的时候，除了痛苦，他随即又是一阵自责，责怪自己竟然跟尚在襁褓里的孩子向父母争宠夺爱……

"我承认，或许我做得还不够好。但是，可不可以不要这样掉头就走，可不可以不要说那些难听的话……"

看着一个三十几岁的男人有些难以启齿地说出这些话，我感知到，这是他内在最脆弱、最期待被父母理解也最害怕被拒绝的部分。

（一）当孩子逼迫自己成为父母心目中期待的样子

个人中心学派的创始者卡尔·罗杰斯（Carl Rogers）认为，心理治疗之所以能够发挥作用，其中最重要的条件就是"无条件的接纳"（unconditional acceptance）。

一个人之所以被爱，不是因为他表现得怎么样，而是因为他是一个值得被爱、被尊重的人。

的确，偏差的行为需要被矫正，错误的价值观需要被调整，笨拙的行为需要被训练，但这些行为都只是"人"的一部分，而非代表整个"人"。

父母若能接纳孩子最真实的样子，孩子就能够放心地发展自己的想法与情绪，用自己原本的样貌与能力自在地过生活，做他适合做的事情，而不需要处处勉强自己、压抑自己，逼迫自己成为父母心目中期待的样子。

我常碰到父母为了让孩子变得更会读书、更懂事、更安静、更活泼、更懂得与人谈话……来做心理咨询。他们总是觉得孩子身上有太多的问题，需要被处理才能脱胎换骨，变成他们"该有的样子"。

然而，每一个人与生俱来都有自己独特的样貌。他们需要的不是被调整成父母眼中"该有的样子"，而是让父母接纳自己"原本的样子"。

许多孩子从小就深爱着自己的父母，这份爱不会因父母给他提供什么样的居住环境、拥有多少年收入、穿着与长相、职业好坏等而有所改变。虽然某些孩子可能因为家庭背景而在人际关系中感到困窘，但他们总是选择用各种方式来美化自己的家庭。

孩子之所以这样做，一方面是不希望自己被嘲笑；另一方面是因为对父母的爱，期待为他们在大家面前保有好的形象。

　　但父母对孩子经常抱持着许多条件设定，一旦没能达到他们的期待，这些孩子就是失败者，不知感恩，不知好歹。许多孩子从父母充满失落与批判的眼神中，逐渐形塑出内在自卑与不堪的形象。这些孩子或许因为长期累积的挫折而决定放弃努力，或许用不被社会所接纳的偏差行为来获取成就感。

（二）在伤心的背后，蕴藏着累积的挫折与愤怒

　　让我们把话题放回到志豪身上。

　　从上学到工作、从工作稳定到建立家庭，志豪不断地努力，就是希望可以让从小就对他表达不满与失望的父母安心，也改变自己在父母眼中那副困窘无能的印象。但这些努力并没有得到父母的认同，反倒是这个自己不甘愿生下来的小生命，竟然不费吹灰之力就得到了父母所有关注的眼神。

　　"那我到底算什么？"在伤心的背后，蕴藏着积聚已久的挫折与愤怒。

　　无论自己多么努力，似乎都比不上为父母生一个孙子，满足他们的期待来得重要。而且，就算生了孩子，他在父母眼中也只是一个没有价值的工具，他又怎么能够忍受未来父母在他的孩子面前持续批评、嘲讽他呢？被父亲看不起难道还不够，还要被自己的孩子看笑话吗？

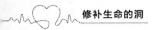

从传统观念来看，这个不想成为爸爸的男人，或许在父母眼中是个"年纪到了，却不愿意承担责任""生了孩子，却学不会当一个成熟父亲"的男人，但在志豪的心底，真正住着的其实是一个从小到大不断努力付出，却总是得不到父母一句肯定、缺乏被认同的小男孩。

三、满满的批评与贬低

对幼小的孩子而言，他们早年的自我价值，几乎都是建立在父母对他们的响应上。父母所响应的内容、表情、语气，是孩子用来判断自己表现优劣对错的重要依据。

当你拿着九十分的考卷回家时，光是父母脸上堆满的笑容、跟邻居分享时提高的音量，你就知道拿到好分数可以让父母开心；当你摊开联络簿，上面用红笔密密麻麻地记录着你在学校捅的娄子时，父母紧皱的眉头、说话时愤怒的语气，就可以知道父母因为自己的表现而生气与不满。

已经成人，正在阅读本书的你或许很快就能辨别：父母对一件事情的看法，其实只能反映他们自己的价值观，而非真理，并不适用于每一个人。但对于幼童而言，父母的想法、期待与响应，则代表着他们小小世界中的真理。

父母开心，孩子就觉得自己表现得不错，类似的行为多多益善；父母生气，孩子也会警告自己同样的行为尽量少做为妙。所以，当父母认同他们时，孩子感受到父母喜欢自己，因此他们也会跟着喜欢这样的自己。相对地，当父母因为孩子的表现显露出嫌恶或否定的态度时，孩子也可能因此对自己产生负面的感受。

（一）尖锐、刻薄的语言，伤害着孩子的心

有好几次，在我演讲结束还没离开会场时，有些父母会带着孩子到台前来问我关于教养的问题。我通常会先评估问题的性质，如果是有关孩子的问题行为或缺陷，我通常会示意父母先暂停一下，然后邀请孩子先到外面玩耍或等候，以免孩子在旁边听了心灵受伤或感到难堪，甚至破坏亲子之间的关系。

即便我已经明示或暗示这么做的目的，还是会听到父母不在意地回应："没关系，他早就听习惯了。""表现不好，就不要怕被人家嫌啊。"说完，还会瞪愣在一旁的孩子一眼。

这些父母在说出尖锐甚至几近刻薄的话时，丝毫没有意识到自己正在别人面前批评或贬低自己的孩子。他们似乎很少设身处地去思考，或者难以想象孩子处在这样的状况下，心里会有多么难受。

听到这些批评，有些孩子摆出无所谓的姿态，有些则是尴尬地看向其他地方。对于那些表现出一脸不在乎的孩子，父母会说："你看，他就一副无关紧要的态度，我能不生气吗？"

而对于那些看向其他地方、明显感到尴尬的孩子，父母则在其伤口上撒盐："还知道丢脸？知道丢脸，干吗不乖乖听话？"

看到这样的互动模式，我常感到困惑：如果我是这个孩子，到底怎么做，才不会让自己太难堪呢？

幼婷从小就是一个乖巧听话的女孩，从念小学开始，她就帮终日忙于工作的父母照顾比自己小五岁的弟弟，放学后总是乖乖地回到家里帮忙打扫卫生、准备家人的晚餐，假日偶尔跟同学出去玩，也得带着爱哭闹的弟弟。

她从来不与父母顶嘴，不争辩。唯一一次让父母生气是在高中时期，班主任打电话到家里说，幼婷这学期跟班上某个男生似乎很要好，而且很不巧的是，这个男生是老师眼中的头疼人物。

父亲挂掉电话后，抽出腰间的皮带，将幼婷推进房间狠狠打了一顿。

母亲坐在一旁的床沿上，摇头叹道："才多大就学人家谈恋爱？功课很好吗？会赚钱了吗？传出去真是丢脸。那种男生有什么值得你喜欢的？要喜欢，不应该喜欢功课好一点、品行好一点的吗？""打一打，看能不能让你清醒一点。"

幼婷除了掉眼泪，什么都没解释。

往后很长一段时间里，没有再传出她交男朋友的任何消息，她专心学习，努力帮家里做各种活计。

时光飞逝。大学毕业后，幼婷在一家银行担任业务员，每逢假日还是回家帮忙干活。不知从什么时候开始，父母对幼婷始终没有男朋友而忧心忡忡，因此积极安排各种相亲。

他们有时说要去亲戚家做客，有时说要到外面用餐，有时说要拜访客户，总之父母会找各种理由要幼婷一起去。而每次都会有不同的男生突然出现，这让本来就内向的幼婷非常焦虑，不知该做何反应，只能干愣在一旁。

每次相亲结束后，父母一定是先数落一通："都是要当妈妈的年纪了，连话都不会讲吗？"然后就开始问幼婷要不要试着跟对方交往看看。

说是"问"，其实父母的口气更像是要求她试着与对方交往，但偏偏幼婷的反应都是"再看看"。

父母急了，气得大骂："你以为自己条件很好吗？选个对象挑剔成这样！""人家男方愿意跟你交往就不错了，你到底在挑什么？""人家家里经济条件不错，这才是最重要的，你脑袋怎么这么差？都多大了，还这么不会想。"

类似的语言，幼婷几乎每周回家都得听上好几遍，即使她已经习惯不还嘴，但那些尖锐的语言，总是一刀一刀划伤她脆弱的心。

"虽然假日要回家帮忙干活，没有自己休息的时间，但这样至少父母不会太辛苦。可让我最痛苦的是，每次回去就得听他们讲这些话，或者莫名其妙要跟不同的男人见面……

"我知道他们都是为我好，可是这些安排让我很痛苦。听

到他们叹气，说出那些话，都让我好受伤……"

"你曾经试着向父母说出自己的感受吗？"我问。

幼婷叹了好大一口气："我当然反映过，结果他们气得大骂：'你真是不知好歹，父母关心你，你竟然说我们让你难过、害你受伤？！'

"关于相亲这件事，我也表达过这样的安排让我觉得很累，没想到母亲掉着眼泪说：'我也不知道到底是你累，还是我累……算了，我再也不要为了你们这些年轻人的事情耗费心力，活到这把年纪，还不懂得让我们放心，真的不知道书都读到哪里去了……'听到父母为了我的事情又费心又难过，虽然他们的方式我不喜欢，但又觉得这样的自己好糟糕、很不孝……

"我真的觉得自己是一个很没有价值的人，只能用来被别人配对，好像我没有为自己做选择的权利，不能有自己的喜好。我很羡慕我那些朋友，他们好像都知道自己要什么，都可以坚持自己想要的……"

（二）带着双重伤害的贬低

对长久以来遭受批评及贬低的孩子而言，他们无法从自己深爱与信任的父母身上得到正向的回馈、认同与肯定。

他们总感觉自己不如身边的人，是庸俗愚笨、毫无价值的。有些长时间遭受父母以不堪的语言对待的孩子，甚至会怀疑自己是被捡回来的，或者是父母在意料之外生下来的次级品。

如果请这些人列举自己的优点，他们会讲出许多自己不足的地方；当你问他们是如何取得目前的成就时，他们很可能会不好意思地归功于都是运气好，都是别人给他们机会，或者表示这也没有什么值得拿来讨论的（请注意，他们根本不认为自己现阶段的状态是一种成就，即使他们之中有些人的确成就非凡）。

乍看之下，你认为他们个性谦虚。实际上，那是因为他们根本无法认同自己，不认为自己有什么价值可言。

这种充满贬低的语言会对一个人造成"比马龙效应"（pygmalion effect），也就是当他长时间被批评笨拙、没有想法、缺乏能力之后，他很可能会将这样的语言放进自己的认知，相信自己的样貌正如这些批评与嘲讽，然后渐渐地真的变成了这些人口中的样子。

不幸的是，当孩子真的变成父母口中的样子时，却又会得到父母更多毫不留情的批评。这样的孩子将会在日积月累的挫败经历中，产生"再怎么努力，也是枉然"的信念，并且会累积满满的无助感。

他们对生命感到失望，不敢想象自己的未来会有什么作为，他们将大部分力气用来羡慕别人的自由、忌妒别人的成就。但最辛苦的是，他们也会耗费许多力气来憎恨自己。

这种对未来感到无望、对自己感到失望与厌恶的情绪长时间积累下来，正是造成抑郁情绪，甚至是抑郁症的重要原因之一。

四、错误的设定：我是不值得被爱的人

孩子天生渴求来自父母的爱，这种爱无须仰赖奢侈的物品，只需要父母适时地给予孩子情绪上的抚慰、关切的眼神、肢体上适当的接触。例如，在睡前给孩子一个拥抱，接纳孩子的生气或失望，陪伴孩子一起度过充满成就感的时刻。光是这样的响应，就足以让孩子感到自己是被爱的、有价值的人。

可惜这种响应的重要性经常被忽略。

父母多是致力于思考如何让孩子更听话，如何让孩子取得更好的学习成绩，如何让孩子学习更多的才艺；总以为温柔的、支持性的回应与照顾行为是空泛而无意义的，比不上物质的给予或各种具备督促作用的建议。之所以会有这样的想法，很可能是因为这些父母从小也没获得来自他们父母的这种类型的回应。

美国心理学家苏珊·福沃德（Susan Forward）认为，一个人童年时期所遭受的对待，将会在他的内心一点一滴地形成一套程序，在成长过程中，他将凭借这套程序来认识自己与世界，进而用这套程序来与他人互动。

若是这套程序漏洞百出，却没有被检测出来，没有被修正或更新，则个人很可能会因此终其一生过着痛苦的生活。

如果父母能够鼓励孩子去冒险，并适时提醒他需要注意的事项，在他受伤时给予安慰，在他成功时一同高兴，孩子就会认识到自己是有能力的，从而能大方地面对自己的失败，在挫折中获得重新站起来的勇气。

相反，倘若一个孩子从小就被用近乎恐吓的方式对待："你那些自以为是的创意都只是不成熟的想法""你进入社会一定会被人欺骗""你如果失败就给我试试看"……他可能会很难相信自己的能力，因而觉得这个世界是充满险恶且不可信任的。

由于遇到挫折只会被谴责、被处罚，所以孩子不允许自己发生意外，也无法接纳自己的失误。

儿童与青少年阶段正在寻找"我是谁"，努力建立自己存在的价值感，他们对自己的认识主要来自父母、老师、好朋友等周围重要他人的响应。这些响应不仅包括直接表达"我觉得你是一个什么样的人"，也包括当他遇到困难想求助、因为挑战而感到害怕、充满热情想分享自己的喜悦时，这些重要他人响应的口吻、眼神、态度等。

当一个孩子发现只要考试成绩优异，遵照父母的话行事，不吵着要买玩具零食，独自去楼上拿东西的时候不会害怕，就可以获得赞赏，有时还能听到父母拿这些"好表现"来告诫自己的兄弟姐妹，甚至与邻居聊天时也会不经意地提起……这就是一套来自与父母互动时所建立的设定，孩子为此高兴的同时，也在内心设立了一种坚不可摧的信念："表现好，才可能被父母喜欢。"而这句话更深层的信息是，我本身是没有价值的，别人是否爱我，取决于我表现得好不好，是否能满足别人的期待。

父母表现出来的轻蔑与不耐烦，会让孩子感受到自己之所以会遇到困难，会产生不舒服的情绪，都是自己的愚蠢造成的。这种响应的态度，对于一个人形成自我价值是完全没有帮助的。

如果一个人从小就经常被最爱、最信任的人嘲讽、贬低、比较，他不但无法感受到自己的价值，而且那些长久以来积累在心里的愤怒与痛苦，很可能在他长大成人之后，用各种方式转嫁到他人身上。

如果一个人长期受到伤害，那么他也可能用同样的方式来对待他人。这样的人或许也会习惯性地在生活或工作中贬低、嘲讽他人，他们从别人受挫的反应当中获得些许成就感和满足感，这样的互动方式自然会引起别人的反感与疏远。因此，这些假性的正向感受就像肥皂泡般脆弱，他们终将再回到那孤独而痛苦的世界里。

第三章

被忽略情感的孩子

没有喜欢离家的人，只有伤痕累累、
必须远离家庭以求自保的孩子。

- 父母赚钱养家压力很大，骂你几句，有什么不行？

- 身为你的父母，当然可以安排你的生活！

- 父母都是为你好，想成功就要照着做！

- 辛苦养你长大，偶尔要你配合我们的安排，难道也不愿意？

- 你若不接受我们的想法，不如不回家。

　　"面子""尊严""自信心"……这些名词背后最核心的概念，就是"自我价值"。所谓自我价值，是指在个人生活和社会活动中，自我对社会做出贡献，而后社会和他人对作为人的存在的一种肯定关系。包括人的尊严和保证人的尊严的物质精神条件。自我价值的实现必然要以对社会的贡献为基础，以答谢社会为目的。

　　从小被父母用上述语言及态度对待的孩子，自我价值很容易偏低。当父母连续几天都没有接听你的电话时，你是否开始担心自己哪里做错了？当你不小心受伤，或者被他人伤害时，是否是像做错事的小孩一样感到自责、害怕？

当我与这种类型的人谈话时，经常从他们身上感受到浓浓的不安全感。

明明问题并非出在他们身上，但在事情未经查证之前，他们总是毫不犹豫地将责任往自己身上揽，或者找出各式各样的说法来"证明"自己在某些环节一定出了差错。

明明就是被别人伤害，却总是帮伤害自己的人找到合理的借口，然后急着批评自己笨拙、愚昧，仿佛这一切"都是自己的错"。

这些人不仅觉得自己不好，不喜欢自己，甚至无法拒绝让别人伤害自己，也不敢拒绝不合理的要求，将所有的责任或过错都往自己的身上揽。

他们从来不会质疑为什么别人可以粗暴地干预自己的生活，可以理所当然地伤害自己。

他们很难正视自己的委屈、难过与受伤，即使因为负面情绪而哭泣，他们也总是立即擦干眼泪，故作坚强地告诉别人："我没事了，真是丢脸，竟然为这种小事掉眼泪。"

一、禁止表达情绪

前一阵，我在网络上拍卖一辆折叠自行车，中标者是一位母亲。约定取货的那一天，父母牵着看似就读小学二三年级的小女孩一同前来，原来这辆车是他们准备送给女孩的生日礼物。

小女孩一看见浅蓝色的自行车，立刻冲上前去跃跃欲试，但因为车身太高，她连坐上椅垫都有困难，更别说踩到踏板与地面。

努力试了几次都失败之后，她眼眶泛泪，既失望又难过地蹲在车子旁边说："它太大了……"却又不舍地一直摸着这个期待已久的生日礼物，一旁的父母只得无奈地苦笑。

看起来这个小女孩要驾驭这辆脚踏车是不太可能的，几个人沉默了一会儿，我打破沉默表示："不买也没关系，安全比较重要。"

没想到女孩的父亲想了几秒后，蹲下来摸摸小女孩的头，微笑着说："我们先把礼物带回家放着，然后我们一起努力吃饭运动，等长高一点就可以骑了，好不好？"

小女孩虽难掩失望之情，却也含着眼泪点点头。

父母付了钱向我道谢后，一边牵着小女孩的手，一边推着车，一起走了。

望着这一家三口手牵手离开的背影，一阵暖流涌上我的心头。

小女孩因为自己的能力不足以驾驭这辆车子而感到难过时，父母没有责备她的失望与眼泪，而是用行动和语言告诉她："没关系，我们可以一起努力克服这个困难。"

孩子因为结果不如预期而感到失望与难过，父母接纳了孩子不舒服的情绪，并且表达了陪孩子一起克服的意愿。做到如此简单的一件事，对许多家庭来说却是遥不可及、难如登天。

有些家庭可能在现场就开始争执："搞什么鬼？你为什么不在家就先确定好？大老远开车到这里，浪费时间！""都是我负责找礼物，难道是我要过生日吗？""哭什么哭？丢脸死了，你再哭给我看看！"

孩子听了，或者警告自己不要再哭了，为自己哭泣及让父母白跑一趟的行为感到羞愧自责，或者生气大吼："反正你们都骗人，故意不买给我！"

无论是哪一种回应，这一趟购买生日礼物之旅都会演变成一场充满负面情绪与冲突的灾难。

我相信（至少我至今还没听闻过），没有家庭会在客厅的墙壁上写着"家中不允许难过、掉眼泪""在家里不可以发脾气""不可以太开心"。

然而，当电视节目演绎感人的桥段，家中有人因此开始啜泣时，突然有人拿起遥控器换台或关机；当父母因为种种压力或冲突感到不舒服，孩子上前关心时，父母却表示"我没事""小孩子不要管太多"；当家里有人因为开心的事情欢乐地庆祝时，突然有长辈呵斥"怕人家不知道吗"，甚至摆出臭脸，离开现场……你是如何看待这些情景的？

长辈虽然什么规定都没有讲，但是已经通过行为、表情、语气，将他们不喜欢、不习惯、不允许的行为与规范，既隐晦却又毫无保留地传递给了家人。

"在禁止表达情绪的家庭里，家人（尤其是孩子）能表达什么样的情绪，不在于他们当下真实的感受是什么样的，而在于父母当下的心情如何。"从这句充满矛盾的描述就能发现，所谓家庭里不允许表达情绪，仅限于孩子没有表达情绪的权利，父母则经常理所当然地用各种方式将自己的不舒服往外宣泄。

（一）被扼杀的情绪与感受

受了伤，不可以掉眼泪；面对危险，不可以表达害怕；面临挑战，不可以表达紧张；遭遇挫折，不可以表达难过；面对攻击，不可以表达愤怒；有好的成就，不可以太开心……这些"不可以"，都在传达同一个信息：你的情绪与感受是不对的、不应该的、不重要的。

我们在很小的时候就被训练去判断哪些情绪是"对的"，哪些情绪是"应该的"，因为表达出不同的情绪，会从父母那里得到奖励或惩罚等不同的响应。也是从这一刻起，我们开始认识别人对我们的期待，学习只表达被认可的部分，同时忽视了自己内在的真实情绪与感受。

实际上，情绪与感受没有好坏与对错之分，那是一个人在面对不同情境时发自内心的最自然不过的反应。

情绪与感受同时也是非常重要的信号，我们借由这个信号来了解自己当下的状态与需求，进而通过适当的方式来满足自己。

但是，幼年阶段的我们还没发展出成熟的判断力与辨识力，以致当父母对我们的某些需求表达出嫌恶、指责、忽视，甚至是禁止的时候，我们就会告诉自己，那些需求是不可以拥有的。

换句话说，我们忽视并切断自己内在传达出来的信号，选择执行来自别人的指令。

由于我们否定自己内在真实的情感与需求，全然以父母所设定的是非对错来行事，因此，我们其实是把父母的期待作为了自己生活的重要指标。

同时，因为你不重视自己的情感与需求，别人可以毫不客气地要求你、掌控你、伤害你，借此来满足他们的欲望与需求。

（二）无限循环的魔咒

情绪表达的模式经常会通过"代间传递"的方式传给下一代。

在一个不允许表达真实情绪的家庭里，孩子学习到隐藏内在真实的情绪才能安全生存、不被惩罚。然而，即使他们学会了符合父母期待的情绪表达，其内心真实的情绪也会因没有得到妥善的照顾，在成长过程中被压抑的情绪大量积累，产生生理或心理疾病，或者发展出其他不健康的方式来发泄。

父母设立这些情绪禁令，通常是因为他们从小也被教育这些情绪是不应该、不好的，也因为一直没有机会学习与自己的

情绪相处。当他们发现孩子表现出明显的情绪时，往往不知道该怎么帮助孩子、陪伴孩子，此时不但有挫败感，而且再次感受到自己被这些情绪引发的不舒服。

为了降低焦虑，他们用处罚或责备的方式命令孩子停止这些负面情绪。而父母会用这种方式禁止孩子的情绪，很可能是因为他们从小也被大人用同样的方式对待。

孩子为了避免被处罚、得到父母的认同、成为父母眼中"成熟的好孩子"，开始表现出对失望满不在乎、对危险无所畏惧、对分离表达极度的理性，最终成为跟父母一样的"情绪僵尸"。

当这些孩子长大成人，有了自己的家庭之后，他们可能会将这种成长过程中"虽不舒服，但很熟悉"的情绪表达模式传递给自己的孩子。

他们未必会禁止孩子讨论情绪，但总是在有人掉眼泪时表达沉默、说笑话、起身离场；当孩子在学校被欺负回家哭诉时，他们不是给予安慰与支持，而是建议孩子还手，或者嘲讽孩子无用。

（三）压抑情绪的孩子，会通过暗讽等方式发泄自己的情绪

除此之外，在一个恰逢亲人遭遇意外或离世，处于悲伤状态的家庭里，当父母表达出"不需要太难过，生活要积极向

上"的态度，或者当父母肯定某一个孩子不哭不闹的反应时，其他孩子基于想得到父母的肯定的想法，也会跟着效仿。

但是，我们都忽略了一件重要的事情。

不去正视情绪、不学习表达情绪，或者不练习与情绪共处，不代表不会感受到负面的情绪。这些从小就被要求与情绪隔绝的"成年孩子"觉得难过、悲伤、受挫、愤怒的时候，虽然不至于大吼大骂或出手打人，但很可能通过暗讽、忽视、拒绝等隐微的言行举止来攻击自己的家人，借以发泄情绪。

讽刺的是，父母或许可以耐着性子对外人微笑，想尽各种内容称赞别人家的小孩，却不愿意将那一点点笑容、肯定留给自己的孩子。

这一切看在孩子的眼里，叫他们情何以堪？

"别人怎么样都比我好。"即使父母在私底下表示，他们只是为了客套才做出那些正向的响应，在自己孩子的心里，也是满满的羡慕与期待："就算是客套的，可否也分给我一些鼓励、笑容与肯定呢？"

他们总是仰着头，巴望着父母可以给予自己一些肯定与认同。

二、"小大人"训练班

"小大人"常常出现在父母忙于工作的家庭里，孩子利

用原本玩耍的时间，协助分摊原本属于父母该担负的责任。例如，比较年长的孩子帮忙赚钱或照顾弟妹。父母用隐微的方式，要孩子代替他们去做他们不想做或者不敢做的事。这与东方文化的传统价值观——孝顺有非常密切的关系。

所谓的孝顺，经常被认为是这样的：顺从父母，尊重父母的想法，协助父母分摊家务，说父母想听的，做父母想让孩子做的。

简而言之，我们经常把孩子"单方面对父母的顺从"称为孝顺，一旦孩子的想法不同于父母，违抗父母的指示，或者没有满足父母的期待，就很容易被指责为不孝顺。

在这种狭隘的孝顺观念下，许多父母有意识，或无意识地替孩子开启了"小大人"训练班，长时间"授课"，且要求严厉，期待孩子能为父母承担部分责任，完成某些工作与任务。

（一）父母不喜欢的事情，为什么让孩子去面对

我有一个好哥们儿——阿健，他对宴会酒席相当反感。每当有朋友因结婚或乔迁等喜事请客时，他总是大方地请人转交厚重的红包，但说什么也不愿意亲自到场喝喜酒。

他说，小时候凡是家族扫墓活动、过年聚餐、亲朋好友结婚等需要父母出席的场合，父母一概以"工作忙碌，无法参加""对方是很重要的人，你一定要代表父母出席""已经包了红包，你带妹妹去吃大餐吧"为由，派他去。

当时，才就读小学三年级的他，经常牵着妹妹的手，硬着头皮，走进陌生的大人群里，慌张地找寻收礼处奉上红包，签上父母的名字。

运气好的时候，会遇到认识的亲戚邀他们同桌吃饭，否则就只能寻找看起来比较和善的大人同桌了。

陌生的大人经常困惑又好奇地看着这一对不知从哪儿冒出来的小兄妹，关心地问他们是否与父母走散了。有些亲戚则似笑非笑地说："回去跟你爸妈说钱够用就好，不用赚太多。""你父母还在工作吗？都不过来，大家怎么会认识他们呢？"

大人之间的恩怨情仇，他当然不懂，只能尴尬地露出父母教他们的"看到长辈笑就对了"的笑容，心里却莫名地感到害怕与不舒服。

"我签我爸的名字比签我自己的还要熟练……"阿健苦笑着说，"如果这些人很重要，他们干吗不自己去呢？每次都要去跟不认识的人问好、吃饭，够尴尬的。"

进入青春期以后，他开始抗拒这种被叫去参加各种大人聚会的命令，但父母板起脸孔指责他："我们工作这么忙，你怎么不懂得替大人着想呢？"

"结果呢？"我好奇。

"没有结果啊，总之上大学之前，每年还是得做同样的事。我特别不想去，但想到要让妹妹独自面对那些以前我很害怕的场合，就觉得放心不下……"

阿健说，其实父母都很内向，人际关系也相当封闭。在他成长的过程中，根本没看到过有什么朋友来家里做客，而父母也极少外出与其他人接触。因此对父母而言，参加这些活动是极其困难的事情。

长大之后，他才开始怀疑，父母是否为了避免参与这些社交活动，刻意（或无意识地）安排了许多工作，让自己抽不出空，然后让孩子代替他们参加。

"他们自己不喜欢的事情，为什么要我们去面对？"阿健觉得很无奈。

（二）孩子成为父母发生争执后，其中一方（甚至双方）的情绪疗愈者

还有一种情境，孩子经常成为父母发生争执后，其中一方（甚至双方）的情绪疗愈者，比方说第一章提到的承志，他的母亲经常告诉他："好孩子，妈妈有你就够了，希望你以后不要成为像你爸爸那样的男人。""假日不要出去玩，在家帮忙照顾妹妹好吗？你父亲从来不顾家人，只有你比较懂事"……诸如此类的情境，都会让孩子感到非常难受。

年幼的孩子无法清楚地指出哪里怪异，但总会感受到不舒服。不过，他们还是会忍受着自己的困惑、怀疑与恐惧，勇敢地去执行父母指派的任务。

孩子无法觉察，父母布置的任务可能超出他们年龄所能负担的，也不该是他们去完成的；再就是任务执行失败后，得到的父母的批评与责备，根本就是莫须有的指控。

（三）孩子愿意挺身而出，是基于对父母的忠诚

这些"小大人"之所以愿意执行父母指派的任务，一方面是害怕违抗父母的指令会遭受惩罚；另一方面则是基于他们对父母的忠诚，希望父母开心，不想让他们失望，期待自己成为听话的好孩子。

然而，如果父母能大方坦承："我们不太想去那个场合，你们愿意代替爸爸妈妈去吗？"孩子就能感受到自己和父母是站在同一边的，也会清楚父母这么做的原因是什么。

偏偏大多数的父母不好意思，不太愿意讲出他们内在的真实想法，而是用"你不听话去做就是不懂事""为什么不能替父母多想想""只是要你去参加个喜宴，有什么好怕的？真是没用"这样的说辞把孩子推派出去。

这样一来，父母不仅不需要正视自己内在的焦虑与恐惧，甚至还能将这些不舒服的情绪投射到孩子身上。一旦孩子表达抗拒，父母就指责孩子胆小、没用，而不是教他们诚实地去面对自己内心最真实的感受。

随着个人觉察能力与应对方式的不同，这些"小大人"很

可能会长成以下几种类型：

1. 使命必达型：这类"小大人"终其一生都穿着战袍，必要时随时都愿意代替父母出征，并且承担着因为任务执行失败而被责骂的风险，或者因为对某些任务感到胆怯而遭受嘲讽与贬低。

他们当然也会因为响应父母的负向要求而感到不舒服，但这类"小大人"不会违抗父母，而是会认同父母的言语，转向责备自己，认为自己真的是一无是处。

他们的人我界限可能会变得模糊，因为他们早已习惯否定自己内在的真实感受，也会合理化父母伤害自己的事实。因此，在他们开始上学、进社会后，也可能成为那个专门帮同学跑小卖部、帮同事买工作餐的"小跑腿"，他们替别人加班，收拾别人的烂摊子，一辈子成为他人眼中理所当然被占便宜的"滥好人"。

2. 猜忌疏离型：这一类"小大人"在成长过程中，逐渐发现自己活得像个傀儡，长期以来身上所贴的标签，其实都是不符合现实、莫须有的指责。

这类"小大人"将会发现可怕的事实：他们长年身兼父母的分身，父母所给的鼓励只是为了促使他们更愿意代替他们做事情，但他们牺牲掉的是自己最宝贵的童年生活。

一旦他们发现自己的忠诚被最信任的父母恣意利用，就会为自己设下止损的界限。他们为自己筑起一道高墙，从此拒绝信任他人，与他人保持遥远的距离，避免受伤。

3. 健康弹性型：这类"小大人"发现以往被父母利用的事实之后，虽然愿意持续为他人做一些事情，但也会学习尊重自己的感受与需求，不让别人毫无止境地控制与索求自己。

他们找到一种健康的弹性，在人际互动中愿意提供协助，但也能适度地拒绝别人，维护自己的权利，不让自己受委屈。

其中，"猜忌疏离型"与"健康弹性型"很可能成为父母眼中"变坏的孩子""兄弟姐妹中最自私的那个人"，却很少有人能够理解，他们其实只是一群在受伤之后，鼓起勇气想自我保护的小孩。

三、无微不至的安排——你不懂，所以必须听我的

从表面上来看，许多亲子关系存在冲突，是因为孩子"不听话，不愿接受父母好意"。但这种"不配合"背后所蕴藏的动机，远比字面上看到的更隐微、更复杂。

（一）控制，是为了保有安全感

父母总觉得孩子无法接受他们给出的爱，而孩子则经常把父母给的爱当作沉重的负担与恼人的控制。我相信大多数父母真心是想让孩子过得更好，才努力做出许多安排。

那么，这些过程到底是什么环节出了问题？是什么让这些"爱"成了亲子之间的冲突？我认为是父母忽略了要尊重每一个人的界限——即使是自己的孩子。

纵使孩子已经长大成人、成家立业，父母仍旧认为自己有责任为孩子好，要帮助孩子处理生活中的事情。但这些善意的动机经常转化成各式各样令人窒息的介入，干涉了成年孩子的生活。

除了类似前面提到的幼婷这种被安排相亲的状况之外，有的父母为了让已婚的孩子尽快生孩子，不断地探问孩子的性生活，准备大量的补品；有的父母因为孩子考试或工作不顺利，要求他们参加某些匪夷所思的仪式，甚至听从某些团体的指令行事。

某次我在咖啡店写稿子，听到邻桌大声聊天的内容当中，有一个人分享自己曾经到某热门产业的机密研发部门演讲的故事。

他用兴奋的语气说，邀请单位请司机将车子停在他家门口接他；到了演讲地点后，立刻有人等着帮他开车门，引导他到贵宾室休息，安排主管陪他聊天，引导至会场演讲；讲座结束后，同样有各种无微不至的引导，从颁发谢礼、喝茶水、上洗手间……直到送他回到自家门口，还恭敬地目送他走进家门，之后车子才缓缓驶离。

周围的朋友听了，纷纷露出既羡慕又崇拜的表情："天啊！这是高级讲师才有的高规格待遇吧！""讲师费应该很多吧？""怎样才能获得这么厉害的邀约呢？"

一旁的我听着听着，却有一种不寒而栗的感觉袭上心头。

因为，他们口中的"高规格待遇"，对我来讲就像是一种"控制"：因为担心你到处乱跑、拍照、泄露机密，最好的方式就是从头到尾都派人跟随着你，美其名曰"接待"，实际上就是掌控你的一举一动。如此，才不会发生他们意料之外或者担心的事情。

这与我在处理亲子冲突议题时经常遇到的情况很相似。

父母因为"如果我没有……他就会……"的担心，主动为孩子安排各种事情。但对许多人而言，最痛苦的事情莫过于父母总是以近乎颁布命令的方式，要他们服从这些安排，而身为孩子，倘若不从，就可能让父母生气、伤心。

这种互动模式即便给你造成了某些生活的不便，使你产生了负面情绪，或者即使你已经感到不舒服，却仍旧把这种服从当作孝顺的表现……那么很不幸，不管你活到多大，是否已经成家立业，只要你的身上还有着"孩子"的身份，就很难逃脱这场游戏。

父母很生气："我这样费尽心力，为什么孩子不领情？我到底做错了什么？"

孩子很困惑："如果你们真的为我好，为什么不愿意听听我的需求是什么，为什么都要控制我，要帮我做决定？"

每当遇到这样的冲突时，我都会提醒双方不要轻易为彼此贴上负面的标签。我们应该思考的是："为什么我们的好意，必须通过各种'安排''命令'来表达？在这行为的背后传递着什么样的信息？"

人只有在害怕失控的时候，才需要花更多的力气来掌控一切。而隐藏在这些无微不至的安排背后，通常是想要保有自己内在的安全感：

- **害怕失去自我价值感：** 虽然孩子都大了，但我懂的还是比孩子多，我依旧是有价值的人。
- **害怕被遗忘：** 我依旧是孩子的重要他人，不会因孩子的外出、成家立业而被遗忘。
- **害怕失去能力感：** 即使孩子有了自己的家庭，我依旧有能力影响他，让他听我的话。

（二）孩子需要的爱，父母给不出来

"怎样才能让我的孩子比较听话？"前来寻求咨询的父母，经常感叹孩子年幼时明明很乖巧，长大以后却开始叛逆。

"我们要得不多，也从不苛求这孩子，我们只希望他可以'变回'以前的样子。"

父母说得诚恳，我听了却困惑不解：仿佛孩子没有照着大人的意思行动，就是不好的，是需要被调教的。

事实上，青少年被父母认为叛逆或反抗的行为，很可能是处于正在练习自主性的重要发展阶段。

根据心理学家艾瑞克森（Erickson）的生命发展阶段理论来看，青春期的个体正处在"自我认同"的阶段，个人在此时开始对"自己是谁"感到好奇。他们开始困惑以往奉为圭臬的大人的声音是不是唯一的标准，他们好奇在这些价值之外，是否还有其他的可能。如果不能成为大人期待的样子，那么自己还可以像谁？

但是，如果父母无法接受孩子已经开始向成熟且独立的方向发展，给予孩子产生自己想法的空间，赋予孩子对这个世界感到好奇的权利，而是用责骂或压抑的方式来教养孩子，很可能会让处在青春期阶段的孩子在心理发展上受到阻碍。

若个人在此阶段为了符合父母的期待，让父母开心，而选择以他们的想法作为自己的想法，就失去了自我探索与成长的重要机会。

也就是说，父母并没有依据孩子的成长阶段来鼓励或陪伴孩子进行自我探索，而是用自己的观点来规定孩子什么能做、什么不能做。

倘若孩子配合父母的安排，日子过得也还算不错，双方就会相安无事；倘若孩子的想法与父母的期待相背，每一次的互动就会让彼此之间充满火药味。

如果父母不愿意让孩子以他真实的样貌来成长，而要用自

己设定的方式来"形塑"（说好听一点叫作"栽培"）他，那么父母所给予孩子的任何资源都会是他们认为"需要"的，而不是孩子"想要"或"需要"的。

他们经常对孩子说的话是："我吃过的盐，比你吃过的饭还要多。"父母觉得自己懂得很多，却在无意识的状况下，把孩子远远推开。

与其说是担心孩子出问题，倒不如说是父母担心孩子未来会成长得跟自己想象的不一样。

为了避免这样的不安全感，最好的方式就是设定各种规则来管控孩子。但是，你想控制得越多，就要耗费越多的力气来监控；你设定的规则越多，就越会为自己创造更多被挑战的机会。

这就跟开车一样，当你用放松而信任的态度驾车时，就能轻松地用手握住方向盘，只要能保持安全，稍有偏差也无妨，必要时，再稍稍控制方向即可；倘若你不信任这辆车的性能，不信任自己的驾驶技术，你必然紧紧握住方向盘，稍偏离白线，便一身冷汗，担心发生事故。用这种态度开车，当然会让自己肩颈酸痛，大气不敢喘一口。

四、错误的设定：我是不重要的人

如同阳光、空气、水是维持生命的必需品，"自我价值"

是一个人重要的心理能量，它让一个人在面对困难或挫折时能够鼓起勇气，在表现得不错时能对自己给予肯定，并且有勇气面对自己所犯的错误。

拥有自我价值的人能够欣赏自己的好表现，即使结果不如预期，也会看见自己的努力与坚持。也因为他们尊重自己的价值，而不是借由表现的结果或他人的肯定才决定自己是否具有价值，所以他们不害怕也不抗拒面对自己的缺点或不足。

对于那些能够改善的部分，他们愿意努力去尝试；对于那些自己无法达到的部分，他们也能欣然接受自己的局限。

换言之，他们愿意，也能够接纳自己与生俱来的真实样貌。

相反，带着"我根本不重要""我很没价值"的信念长大的人，会具有几种特质：

（1）深信满足别人的需求比满足自己的需求重要。若你问他为何不多为自己着想，他会觉得这是很自私的想法。

（2）否认或者难以感受到自己的情绪与需求。

（3）难以觉察或正视自己所遭受的伤害。

自我价值的建立，往往来自生命早期与父母互动的经历。倘若父母能够接纳孩子的本来样貌，对于表现好的部分给予鼓励，对于表现不好的部分予以适当的教导，而非充满嘲讽与批评的负面语言，对于孩子不足之处予以接纳，孩子就能感受到自己是被尊重的、被接纳的。即使表现不佳或能力不够，都无损于自己生而为人的价值。

遗憾的是，有许多"成年孩子"终其一生，无论多么努力，得到的不是父母的鼓励与认同，而是被拿来跟别人做比较。他们表现不佳时被讽刺，被忽略情感与需求，甚至被设定一个遥不可及、没有终点的期待。

来自父母长年累月的负向响应，让他们觉得自己是一个没有价值的人。因为偏低的自我价值感，他们不认为自己值得被爱，不敢为自己的感受与需求发声，不好意思拒绝别人无理的要求，不敢相信别人发自内心的肯定。

除此之外，若父母将对孩子的控制、禁止孩子表达情绪包装成"如果你想孝顺，就要听话""听话的孩子，才可以被爱"，就会让孩子误以为只有遵从这些标准，自己才是一个值得被爱的人。

"你是我们抚养长大的，理所当然要服从我们。"

为了确保父母爱自己，孩子努力地朝着父母的期待前进，尽力满足父母的需求，与此同时，放弃了真实的自己。

"我是谁"在孩子的心里并不重要，因为他们价值高低的衡量标准是建立在有没有被父母肯定，是不是一个被父母爱的孩子的评价基础上的。

带着这样的信念，他们愿意听从别人的指令，承受他人对自己的伤害，以确保自己在与人交往中受到其他人的欢迎。

如果父母不能觉察到自己对孩子的期待，其实是为了满足自己的需求，就会在孩子表现出符合他们期待的行为时给予其鼓励（无论这些行为是否对孩子有利），在孩子表现出自主的想法与行为时，批评其自私或叛逆。

孩子为了讨好父母，会在觉察到父母的反应之后，选择性地做出父母所鼓励的行为，而压抑真实的自我。

为什么我们无法保护自己？还记得前面提过的"防卫机制"吗？一旦你问他们有关受伤的感受是什么，他们将会启动（却没有觉察）"防卫机制"来回应你：

1.否认： "没什么啦，过了就算了。"

2.打岔： "先别提这个了，跟你说，我最近发现一家很好吃的意大利面店……"

3.合理化： "爸妈有他们的苦衷，他们也不是故意的。"

他们看似在回应你的问题，实际上却绕了个弯，完全没有触碰到你内在的感受。

无论如何，他们就是无法说出："当他们说我穿得过于暴露的时候，我其实很受伤，也很生气。""当爸妈假日理所当然地帮我安排事情时，我觉得自己很不被尊重。"

一个认为自己有价值的人，才会喜欢自己；一个喜欢自己的人，才会认为自己是值得被尊重的；而一个认为自己需要被尊重的人，当然也不允许别人来伤害自己。

我们从小就被教导在被陌生人骚扰时要大声呵斥与呼救，在被欺负或被伤害时要反击，即便如此，为什么还是有很多人遭到陌生人的骚扰或伤害？为什么我们在职场或人际关系中被

伤害时，不敢坚定地拒绝对方？

因为我们长久以来被灌输了这样的想法："你的判断是错的""要多为别人着想""你的想法是愚蠢的""打你，就是为了你好"。这些充满贬低的语言，无法帮助我们建立起坚强而完整的自我。即使学习再多保护自己的技巧，也不敢抗拒别人对我们的攻击与伤害。

有时候，父母的批评与贬低甚至不需要开口，一声叹气、一个白眼、一个摇头的动作或者不发一语掉头就走，就足以表达他们对孩子的失望、不满及不认同。

虽然他们什么都没有说，但施加在孩子心上的压力却无比沉重。

孩子努力想求得父母的认同，父母却不知道自己的教养方式正在压抑、牺牲孩子最真实的样貌，而他们在孩子的心里也渐渐成了专制、霸道、蛮横的象征。

长期陷在"满足了父母就委屈自己，尊重自己却又伤害了父母"的痛苦泥淖里，"家"就在不自觉间，成了许多孩子最沉重、最想挣脱的枷锁。

第四章

被控制行为的孩子

『我到底该怎么做才好?』

这一章要讨论的孩子，很可能也有前两章中的孩子所经历过的遭遇，然而相比之下，无所适从的孩子内在感受到的冲突与拉扯可能更加激烈。他们从小就生活在由父母设置出来的矛盾困境里，经常是做这也不对，做那也不是，而什么都不做，则更有可能招来处罚。

由于长时间生活在无所适从的情境里，这些孩子像容易受到惊吓的小动物，在面对许多状况时，无法肯定自己的感受与判断；他们对每一个信息都习惯性地绷紧神经，用全身的力气来保持警戒状态，以避免一不小心就被危险吞噬。

一、踩地雷般的亲子互动

"动辄得咎"是对这一类型孩子最贴切的形容。他们的生活如履薄冰，生怕一不小心就会踩破脆弱的冰层，跌落到寒冷刺骨的深海，或者因为误触"地雷"而被"炸"得粉身碎骨。

这类孩子的父母性格相当情绪化，导致孩子长时间生活在一种无法预测的恐惧里。他们无法判断，同样的一句话，什么时候会被父母接受，什么时候又会招来父母的处罚。他们的世界仿佛失去了用来衡量是非、评估状况的尺子，就像被抛掷到黑暗无光的世界里，毫无方向感可言，只能任由他人来决定自己被对待的方式。

更极端的状况是，有些父母有意无意地将孩子玩弄于股掌之间，并且对孩子惊慌失措、不知如何是好的反应深感兴趣。

心情好的时候，他们会给孩子一些好处作为安抚；心情不好的时候，则打骂孩子以发泄情绪。借由这种互动，他们可以感受到自己身为父母所拥有的能力感。

三十二岁的郁庭在长达十几年的时间里无法安稳入睡。她总是在深夜里从噩梦中惊醒，一身冷汗、余悸犹存地呆坐在床上。

她说，从她记事起母亲就时常没来由地暴怒。

小时候，母亲老是把"女儿是赔钱货"挂在嘴边，说她迟早都是泼出去的水，应该趁着还没出嫁多做家事。

郁庭以为母亲只是期待自己多帮忙做家务，因此也就乖乖照做。无论她如何努力做家务，在学业与生活上都不需要别人操心，母亲总能从细枝末节、鸡毛蒜皮的小事上借题发挥。

月考若考得好，会被母亲嘲笑"一定是全班都没读书、狗屎运"；考不好，会被母亲严厉责骂"憨慢饭桶、浪费米钱"；得到老师称赞时，会被母亲说成故意在外人面前卖弄乖巧。

若班主任在联络簿上提醒一些要父母多注意的地方，母亲就像抓到了千载难逢的好机会，大肆处罚她一顿。就连青春期时，她因为发育得比较丰满，也被母亲嘲笑为胸大无脑。

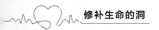
郁庭像是一处母亲专用的负面情绪回收场，负责接收母亲所有难以入耳的不堪言语。

每次母亲羞辱完她之后，总是心满意足地买一堆食物，回到家开心享用。有时母亲也会像犒赏小狗那样，把一些食物扔到她面前要她吃完，却没有顾及刚被骂完的她心情究竟如何。倘若郁庭没有乖乖吃完，下场可想而知。

让郁庭最害怕的是，她经常在深夜睡梦中被母亲突然一掌掴醒，从床上揪着头发拖到地板上跪着，要她为白天时微不足道的言语或行为向自己道歉。

有时她根本想不起来做过这些事，但因为害怕，她还是选择遵从。

交了男友之后，母亲经常当着男友的面，将郁庭小时候困窘的事情当成笑话来说，甚至轻蔑地开玩笑说她的男友是个前途渺茫的餐厅服务员，一脸背债的面相。

母亲在郁庭结婚的前一个月陷入疯狂状态，每天打电话来指责她是"一个急着要嫁去让男人糟蹋的贱货"，拒绝为这场毫无意义的婚事出钱出力，甚至恐吓郁庭："如果嫁给对方，就别想分到家里的一根针。"

郁庭在不堪其扰的状态下，鼓起勇气委婉回应："妈，如果我的婚礼让你很困扰，我可以自己张罗，不用让你这样劳累……"

这句话像在点着了炸弹，她的母亲怒不可遏，打电话到郁庭的未婚夫家里，指责郁庭禁止她参加婚礼、忘恩负义……

从小，郁庭对母亲就像侍奉皇太后一样，只要注意到母亲的一个眼神、一个瞬间的表情、一点声音，她就会立刻放下自己正在做的事情，不等母亲开口，就知道要去帮忙做什么。

这种行为背后的动机相当简单。得到母亲的赞美是不可能的，只要不被母亲羞辱或处罚，对她而言就最好了。

周围的老师、邻里无不称赞郁庭是一个善解人意、体贴他人的好女孩。

她的母亲听到这些称赞，竟然得意地宣称是自己把女儿教得好。殊不知，正是她极端的情绪与充满破坏性的教养方式，逼得郁庭在人际互动中不得不像饱受惊吓的小白兔，必须随时保持在警戒的状态，在别人表达之前，先行洞察对方的所思所想，才能避免受伤。

像置身在踩地雷的游戏中，这种类型的孩子总是耗费许多能量，标示出那些曾经受处罚的语言与行为，提醒自己每一步都要踏得小心谨慎，才能够安然存活。可惜无论他们多么谨慎，只要稍有走神，无情的批评与责骂总是立刻如滂沱暴雨般落在他们身上。

无论这些孩子如何努力表现，他们的父母仍然一天到晚抱怨为什么自己的孩子总是不如别人，总是不够聪明灵巧，为什么无法表现得尽如己意。父母与这些孩子仿佛上辈子就结下了不共戴天之仇，动不动就将充满伤害的语言与行为加诸孩子

身上，好像生活当中所有的不如意都是孩子的错，都要孩子来负责。

他们从未觉察到，自己的情绪表达方式造成了孩子无所适从的痛苦；也没能觉察到，自己其实只是把孩子当成发泄情绪的工具，根本没有给予孩子身为一个人该得到的尊重。

这种类型的孩子大多深爱着自己的父母，希望能与父母亲近，但总是在表现出撒娇、讨爱的时候，被父母回以嫌恶不耐烦的表情，甚或不留情面的批评，让他们认为这样的自己很糟糕、愚蠢至极。渐渐地，大部分孩子会将想向父母表达亲密行为的想法隐藏起来。

这种类型的孩子长大以后，为了确保安全，他们在与人建立关系时相当辛苦。他们耗费许多时间与力气来确认对方的每一个语气、措辞、行为，是不是会对自己造成伤害。在没有把握的情况下，他们宁可忍受孤单带来的不舒服，也要与他人保持安全的距离。但这种谨慎往往会令他人误解为冷漠孤僻，不愿与人亲近。

这些"成年孩子"并非不愿意和他人建立信任亲密的关系，而是因为他们从最亲密的父母身上得到了太多的失落与伤害，以致这些受伤的经历总是提醒他们不能随意卸下心防，因为他人的攻击行为很可能是猝不及防的。久而久之，连他们也会认为自己是个不值得被真诚对待、被保护的人。

他们从小就在与父母的互动中学会了小心翼翼、逆来顺受，也因此忽略了自己的情绪感受，他们用压抑的方式来面对长久以来的痛苦，甚至发展出各种自我伤害、饮食疾患，用使自己痛苦的方式来宣泄情绪，借此感受到原来自己还有一些"可以决定自己要做什么"的选择权。

承袭这套从小就习得的生活模式，郁庭在离家之后依旧无法放松。

郁庭谨慎的个性使其工作绩效总是优异且耀眼。但在与人互动上，她却相当客气小心。郁庭在工作场合拥有许多喜欢她的同事，但她私下的人际关系总是一片空白。就连她丈夫也曾经说过与她谈恋爱初期，她回应的方式，客气得像训练有素的客服人员，感觉在彼此之间有一段刻意保持的距离。

幸好在她结婚之后，这一切开始有了正向的转变。

她的丈夫来自一个与她完全不同的家庭环境。她在丈夫身上发现，原来不是每一个家庭都充满了攻击的互动方式，不是所有的妈妈都会伤害孩子。当然，也不是每一个孩子受到这样的对待时都必须忍气吞声，将所有的过错归咎到自己身上。而她母亲的这种教养方式，根本不是如她自己所声称的那样充满了爱，而是满满的伤害。

除此之外，在健康的人际关系中，也不是非得通过牺牲自己、服务对方才能得到和颜悦色的响应。更重要的是，她是一个活生生、值得被尊重的人，而不是理所当然被用来当作宣泄情绪的出气筒。

有了这些觉察之后，她终于能够理解，自己将过往与母亲互动的恐惧扩散到生活中的其他情境，而这样的谨慎与小心虽然让自己在工作上获得上司的认同，却也总像被囚禁在充满危险的牢笼里，一刻都无法放松。

她开始有机会体验到，原来一段亲密而信任的关系不该是充满恐惧的。一个人想要被对方接纳，不需要通过被责骂、被羞辱的方式作为交换。因此，虽然现阶段的她依旧难以与人建立关系，但她心里会有不同的声音来提醒自己："不是每一段关系都像和母亲相处那样动辄得咎，必须活得战战兢兢，所以可以在某些比较信任的关系里试着放松一些。"

二、关系的撕裂

在家庭乱伦的案件里，加害者之所以能够重复性侵孩子并得逞，往往是因为有一个"默许者"的存在。这个"默许者"通常是家里的另一个大人，像祖父母、父母的手足，甚至是父母其中一方。

这个"默许者"当然也知道这样的行为是有违人伦道德、违法的，但基于各种原因，或许是想维持自己的婚姻，或许是需要加害者的经济提供，他们选择忽视、默许加害者的行为，让这个小小的受害者继续承受着残忍且不人道的侵害，借以维持家庭内部的某种"稳定"状态。

有些孩子在几经思考或经过他人的鼓励之后，会鼓起勇气向家里最信任的大人揭发另一个大人的暴行。请注意，孩子所揭露的事情，是他遭受的最不堪的对待，最难以启齿的痛苦经历，因此，他能够做出这样的举动是相当需要勇气的。

不幸的是，当孩子用最大的勇气向信任的大人揭发这一切时，大人的回应却是敷衍的："这样啊？没关系，爸爸妈妈不会有恶意的。"或者责备："你在乱说什么？不可以这样污蔑自己的父母！"这对孩子而言，都会造成相当大的伤害。

苏珊·福沃德认为，性侵受害者受到的伤害不全然是身体上的，还包括在遭受侵害以后，好不容易鼓起勇气想要面对这一切，想再一次对信任的人求助，却又"被最信任的人背叛"。

出现这种严重侵害的家庭只是少数，但是父母让孩子感到被背叛与不知所措的却不少见。

其中一种对信任感与安全感极具破坏性的行为就是父母要孩子"选边站"。

（一）我到底该听谁的

当父母各持己见、僵持不下时，经常要孩子"选边站"，为自己的价值观背书。另外，我也常在公共场合看到父母问孩子："你比较喜欢爸爸还是比较喜欢妈妈？"孩子在不得已的状况下只能硬着头皮做出选择，"雀屏中选"的那一方沾沾自喜，落选的那一方可能会表现出懊恼，对孩子说："枉费我对

你这么好。"

父母或许只是出于玩笑心态，但对孩子而言，这种"选边站"的行为却让其相当为难。

在一些夫妻失和的家庭里，孩子被卷入父母之间的战争。父或母其中一方命令孩子："如果你知道我有多委屈，如果你够懂事，就不要跟你父（母）亲太靠近，以免变得跟他（她）一样！"

孩子对一方表达忠诚，就必须与另一方对立。当他表现出其中一方所满意的"成熟、懂事"时，就会被另一方视为背叛、不懂得感恩。深爱父母的孩子面对这种状况，怎能不感到痛苦呢？

尤有甚之，有些父母在给了孩子这样的指令后，竟然在孩子"听自己的话"而表现出与对方疏离、对抗的行为后，反过来指责孩子："你怎么可以这样对你父（母）亲？大人的事情，大人解决就好，你们小孩子不可以这样对你的父（母）亲。"

听到这些话，孩子会不会感到无所适从、头昏脑胀？往后再遇到这样的事情，其会不会对父母的情绪有所质疑，并且选择袖手旁观，以确保自己能够全身而退？

这种情境令孩子痛苦的原因还有一个：角色混淆。

当父母其中一人拉着孩子批评自己的伴侣时，他（她）仿佛将孩子化身成自己的伴侣。

那一刻，孩子突然变身成一个大人，必须承接那些他可能还无法理解的恩怨情仇，接收来自大人的情绪。

但当这个孩子好不容易将自己想象成一个大人，用他所接收到的信息来做回应，疏远或攻击他的另一位至亲时，却被原本这个抱怨的父亲或母亲斥责，再次贬回孩子的角色："你只是一个孩子，做你该做的事情就好，不要没大没小。"

这些父母不仅把孩子卷进夫妻冲突，而且造成孩子角色的混淆。

"小孩子有耳无嘴，听过就算了。"有些父母会这样替自己的行为辩解。他们认为孩子只是听一听就罢了，不会受到什么影响。

有这种行为的父母，往往不是把孩子当成一个有智慧、有感受的生命体，而是将他们当作发泄情绪、倾诉痛苦与委屈的机器。

只有机器才能在不带感情地启动开机键后开始运作，并且在按下关机键后不留任何痕迹。但孩子不是机器，而是活生生的人，他们听到自己最深爱的两个人互相批评对方时，无法只是当成与自己无关的八卦，也无法不做任何反应。

大部分孩子在这种"听或不听都不是"的情境下，只好采取压抑的策略，动用许多能量来欺骗自己一点都不痛苦；有些孩子告诉自己"这世界的大人都是虚伪的，都不值得信任"；有些孩子则在心里偷偷地期待自己赶快长大，赶快离开这个家，这样他就不需要再面对父母冲突的情绪，也不需要再担任

这两个大人用来攻击对方的打手。

（二）对关系失去信任

另一种对信任感与安全感极具破坏性的行为，就是家庭暴力。家庭暴力不仅限于我们熟悉的身体虐待、忽略照顾，而且包括更普遍却极少被重视的精神虐待。许多孩子虽然没有遭受肢体上的暴力对待，却长时间忍受着父母通过语言或情绪暴力加之于其精神上的折磨。

无论是父母对孩子的亲子暴力，还是父母间的婚姻暴力，在孩子看来，最信任的家人非但没有保护，反而用最难听的语言与暴力行为来对待彼此，却将微笑与礼貌留给外人。这种现象让孩子对人产生不信任感。孩子为了生存，可能会努力隐藏自己的需求，用讨好的姿态来与他人互动。

有些父母准备责打孩子时，会命令另一个孩子去拿棍子，殊不知这对去拿棍子的孩子而言是相当痛苦的。虽然被打的人不是他，但如果他真的去拿了棍子，就成了帮助父母对自己手足行刑的人，而他若敢不从，下场肯定也不太好。

父母很清楚这个命令会让去拿棍子的孩子感到不舒服，但那正是他们的目的之一。

他们通过这个命令恐吓孩子："如果不想像他一样被打，你最好乖乖听话。"可是父母不会想到，这样的不舒服不仅威吓了孩子，而且让他对手足充满愧疚，对人产生不信任，也厌恶软弱的自己。

有些父母在觉察到孩子可能受到伤害之后就会立刻停手，但也有些父母在这个过程中，体验到特殊的"乐趣"：原来只需一句话，就可以让孩子惊吓不已，乖乖听话。

体验过这种语言带来的威力之后，这些父母像是掌握了控制孩子的秘密开关，时不时就按下启动键，不仅能强迫孩子去帮自己做事情，也满足了自己的"能力感"。

（三）从未伸出援手的父亲

已经数不清有多少次，当郁庭在夜里突然被母亲一掌掴醒，揪到地板大骂时，她相信父亲与弟弟都会被吵醒，她总是期待会他们走出来制止母亲疯狂的行为，但这份期待一再落空。

比起母亲，父亲平常的确很疼爱她，但她从来没有见到过父亲向她伸出援手。

读高中时，某次当母亲发泄完情绪外出逛街时，她鼓起勇气向父亲哭诉这一切，没想到父亲的回应却是："你也知道你母亲就是这样的人，你就听话一些，别让她生气。有时候大人会发脾气，也是不得已的，你要学着体会你母亲的心情，忍一忍就过去了。"

从父亲的回应当中可以看出，他不仅知道郁庭一直以来遭受的伤害，而且在默默纵容母亲的暴力行径。

父亲或许有自己的无奈，或许不知道如何制止妻子的行

为，甚至将郁庭作为转移妻子愤怒情绪的焦点……种种原因都有可能，但他没有尽到保护孩子的责任，让女儿长时间承受妻子的暴力对待。

从那天起，郁庭放弃了被拯救的希望，她不再相信这个家里会有谁伸出援手，也不认为自己有力量改变这个家。

如果想要保护自己，不再遭受母亲的暴力，唯一的方式就是上大学后搬到外面居住。郁庭下定决心要打工支付自己的学费，养活自己。她思考打工计划的时间，远比准备高考的时间多。即使未来的生活再艰辛，都不会比现在更痛苦。

三、充满矛盾的信息

充满矛盾的信息会通过语言或非语言的形式来传达。接收到这类信息，经常令人摸不着头绪，必须耗费许多力气去猜测说话者的真正想法是什么。

对于认知和思考能力尚不成熟的孩子，往往因为无法判断这样的语言，误解了说话者的本意而做出不恰当的回应。孩子们也因此常常遭到处罚。

另外，在权力关系中，位置相对偏弱的一方，如员工与老板、孩子与父母、学生与老师，出于对权威的恐惧而不敢追问清楚，因此经常处于不知如何是好，却又不敢开口确认的困境。

这种充满矛盾的信息，大致可分为"双重束缚"与"被动攻击"。

（一）双重束缚

具有双重束缚（double-bind）的语言会让接收者陷入进退两难的困境。

在生活中，双重束缚可能会以这些样貌出现：

（1）你可以自己定业绩目标，但若没达到某个门槛，就要小心了。

（2）我没有命令你的意思，但我必须告诉你……

（3）你可以选择不听我的，但发生了什么事，后果你得自行负责。

（4）我叫你不要有压力、轻松做就好，结果你还真是准备得很轻松啊！

（5）我说过，你遇到问题可以来问我，结果你还真的什么问题都跑来问我啊？

（6）不要问我工作有哪些，把你认为分内的事情做完就对了。

（7）每次都是我提出要求，你才关心我。这不是真正的关心。

（8）我们都是爱你，为你好，才会这样对你呀！

（9）如果你真的爱我，就该预先想到我没想到的那部分。

（10）我说这些难听的话，不是为了伤害你。

在郁庭的案例里，当女儿有好成绩时，身为母亲会开心，但同时也会嫉妒。这种嫉妒的心理动因很隐蔽，不容易被发现。

母亲的这份嫉妒有可能来自她自身成长过程中，从来没有被正向肯定或鼓励的经历，那种匮乏与愤怒就会投射在女儿身上："从来没人肯定过我表现得很好，凭什么你可以得到？""你再怎么优秀，也是我生的，不可能超越我。"

不知情的孩子因此陷入困惑："那我到底是要表现得好，还是要表现得不好？怎样做父母才会满意，才不会骂我？"

家族治疗的策略学派学者贝特森（Gregory Bateson）认为，双重束缚是造成精神分裂症的主要原因之一。实际上，我们在本书里提到过许多让孩子动弹不得的语言，都与双重束缚脱不了干系。

如果心理师或辅导老师没能辨识出这种充满陷阱的语言对个人造成的负面影响，就直接对这些孩子进行辅导或者企图改变他们的行为，结果往往会令自己相当受挫。

面对因为各种偏差行为或心理症状被送来与我谈话的儿童和青少年，我通常会要求先与他们的父母或老师至少进行一次会谈。

有时候大人会困惑地问："有问题的是孩子，为什么要跟我谈话？""如果要搜集数据，我填写的表格不就有吗？"

实际上，我的目的是在咨询之前，先行评估这些大人如何看待孩子与问题之间的关联，借以了解孩子身上的"问题"是否与大人的观点和价值观有关系。令人无奈的是，我在与这些大人的互动中，经常看到焦虑的父母将内在的不安与担心投射到孩子身上。

他们通过微不足道的线索，推测孩子在学校一定受到严重的霸凌，可能患有孤独症、抑郁症、多动症，或者有其他的学习障碍。一旦形成这种假设，他们会全力抨击学校不用心，进而与班上的老师和同学采取对立态度；频繁地带着孩子就医，倘若这家医院的诊断不符合他们的假设，就再找寻下一家医院……

通过这些近乎疯狂的行动，他们终于找到一些可以做的事情，并且借由做这些事情稍稍减缓内在的焦虑感。带着"充满问题"的前提设定，孩子原本再自然不过的行为或情绪反应，都会被误解为受到环境的迫害，孩子是有"病"的。

如果学校或医院持与父母不同的观点与判断，或者无法配合他们的要求，他们就更坚信自己原本的假设：这个世界果然充满了敌意，孩子的问题果然不容易处理。那么，他们就会把更多的精力投入自己认为需要执行的行动上。

他们将自己内在难以忍受的焦虑投射到孩子身上，不愿接受孩子拍胸脯的保证："我真的没事，我只是想抱怨一下。""我长大了，可以自己上学。""老师只是念叨我几句，他真的没有当众羞辱我。"他们不仅将孩子当成易碎品来保护，而且把孩子养成他们内心所"期待"的有问题的样子。

尚未有成熟判断力的孩子，可能全盘吸收了父母灌输的概

念：认为自己是没有能力的，深信自己终有一天会被这个危险的世界所吞噬；成熟一些的孩子，因为孝顺而不忍对抗父母无微不至、近乎控制的照顾，却又苦于无法形成自己的力量。

面对这样的情境，身为心理师的我经常感到困惑："你真的希望孩子的偏差行为或特殊状况消失吗？"

如果父母可以觉察到是自己内在的焦虑在主导这些问题的持续发生，类似的状况就有机会改变。可惜这些父母正是因为缺乏自我觉察的能力，才让这种难受的焦虑有机会在内心茁壮成长，成了一头无法控制的野兽。

不幸的是，我们的环境倾向于信任大人所讲的话。学校的老师、心理师、社会工作者，或许与家长拥有相同的道德价值观，或许担心破坏了与家长的关系，他们对家长说出来的孩子的各种偏差行为、症状深信不疑，迅速地将问题的焦点集中在孩子身上，全心全意想要"消灭"孩子的情绪或行为问题。

助人工作者必须相当谨慎：一旦抱持这样的观点，无论多么积极地介入孩子的教育或辅导工作，都无法消除孩子身上的这些症状，还可能使父母表现出抗拒合作的矛盾态度。

对孩子来讲，维持这些行为与症状正是符合父母期待的听话行为；对这些父母而言，虽然他们理智上觉得孩子应该"变好"，但要消除这些由他们一手"创造"出来的用以降低自己焦虑的状况时，他们潜意识里的焦虑感就会再度增强，迫使他们做些事情（或不做某些事情）以避免这样的状况被改变。

这个过程完全是令助人工作者动弹不得的双重束缚：如果你不答应帮他们改变孩子，就代表你是一个失职的老师或心理师；如果你答应帮他们一起改变孩子，就代表他们潜意识想要维持的现状即将被打破。

这就是在校园或咨询情境里，当心理师、老师与家长约定一起合作帮助孩子时，父母虽然满嘴答应，但实际上根本不愿意合作，不愿意执行共同讨论好的计划的原因。

（二）被动攻击

与"双重束缚"不同的是，"被动攻击"不需要通过充满情绪的语言或行为，它可能是温和的一句话，也可能是静默不回应，还可能是拖延答应你的事情。相较于"双重束缚"常常让人在当下不知如何反应，"被动攻击"则可能瞬间扯断人的理智线，让人感受到窒息般的不舒服。

当一个人采取被动攻击时，他表面说的话与内心所想会呈现不一致的信息。接收的人除了无所适从，也会产生罪恶感、愧疚感，或者觉得自己没有价值。这些语言的背后，隐藏着说话者真正想要传达的另一层信息，而这层信息最大的共同点就是攻击对方。

大部分的被动攻击并不容易被辨识出来，比如以下几种。

（1）父母对孩子说："对啦，我们老了，难怪没办法知道你们年轻人在想什么。"

（2）父母对孩子说："这些事情还要我讲啊？我以为你在关心我们呢。"

（3）父母表示尊重你的想法，但当你说出自己的想法时，他们却用不置可否的表情道："没关系，你如果觉得这样好，那就这样吧。"

（4）当你规劝他们将房子里囤积过多的东西处理掉时，他们完全不回应，或者答应了却从来没整理过。

（5）父母答应孩子偶尔休息一天，带孩子出去玩，却总会在出发的前一刻出现不得不取消的因素。

（6）父母对别人表现热络的互动，转过身却刻意冷落孩子，将孩子视为空气。

接收到这些信息的人，觉得自己不够孝顺，不够理解对方，自己的努力很愚蠢，若继续坚持己见就是不懂事，认为自己是没有价值的。

为什么被动攻击会令我们如此痛苦？

因为这些响应方式经常被包装成善意的关心、温和的反应或静默的反应，由于你在表面上看不出有任何恶意，因此也难以理直气壮地回绝。

如果没能辨识出这些响应背后夹带的某些敌意，我们可能会反过来用这种不舒服来责备自己："别人明明就是关心你，你为什么不开心？"

在郁庭与母亲的相处里，还有一个令她非常痛苦的情境。

母亲经常"关切"地问她有没有和男友发生婚前性行为。如果郁庭否认，母亲就用戏谑的口吻说："是你引不起别人的性欲，还是对方性无能？这种男人，你也要吗？"倘若郁庭回答有，母亲则会幽幽地说："唉，都怪我不会教孩子，还没结婚就急着去给别人糟蹋。我真是个失败的母亲啊……"

这种语言当然也有双重束缚的成分，但更糟糕的是，母亲的询问实际上是夹带着戏谑的语气，以及蓄势待发的攻击。

"关心"只是她作为伪装嘲讽女儿的起手式，不论郁庭怎么回答，她都已经迫不及待地想要揶揄几句。

为什么有些人习惯使用被动攻击的方式来沟通？很可能是因为他们有这些问题：

- **难以处理负面情绪：**他们缺乏适当表达情绪的方式，或许是不敢表达，或许是不知道该如何表达。他们很容易因为一些小事就觉得不舒服，却没有辨识这些情绪的能力，也不知道自己真正在意的到底是什么。
- **偏低的自我价值：**他们的自尊感低微，有可能来自被忽略、被严格对待、被批评的童年经历，以至于经常觉得自己是没有价值的，别人不会真正接纳自己。他们通常会挑选那些比自己弱势的人加以攻击，看到他人不舒服，进而感受到自己的优越。
- **无法表达需求：**他们无法确切知道自己想要什么，不敢

把自己的需求讲出来，他们担心袒露真实的情绪或需求，会将自己的脆弱摆在他人面前，而让自己受伤。

- **习惯指责**：为了回避内在脆弱的自我，他们难以面对自己的需求与情绪，因此将自己无法接纳的部分都往其他人身上丢，如指责其他人的不是，认为都是其他人愧对他们，要别人为他们的情绪负责。

四、错误的设定：我是一个没用的人

山中康裕在《哈利·波特与神隐少女》一书中曾提到，人类有两种很重要的能力：防护力与感受力。防护力是指一个人知道自己要什么，能够坚持自己的想法，能够保护自己，不容易被他人所影响；感受力则是一个人对于周遭环境的敏锐度，与自己的内在对话，感受内在情绪的能力。

那些长期生活在充满肢体暴力或精神暴力的家庭的孩子，一般无法发展出足够的自我防护力。为什么呢？

试想，一个人在面临危险时，最重要的行动是什么？可能是逃跑，也可能是抵抗，借此反应来保护自己。但是，当大人凭借"我是你的父母"这种看似理所当然的理由，对孩子施以身体或精神上的暴力对待，并且欺骗孩子"我是为了你好，才这样对你"，恫吓孩子"敢抵抗就是不知反省、不听话"时，孩子在这样的情境下，只能接受、服从父母"对自己施暴"，然后被无意识地剥夺自我保护的能力。

孩子无法辨识那些落在自己身上的暴力对待，很多时候根本与自己无关，而是父母本身的创伤经历、情绪化、失控行为造成的。他们会对父母感到恐惧，却不会厌恶父母。他们会将厌恶情绪转而指向自己："都是我不乖、不听话，才让父母生气。""我被打是活该，因为我管不好自己，我真是没用的人。"

我发现，这些孩子虽然防护力降低了，但感受力却变得敏锐。例如，通过观察大人的脸色来决定自己的行动，仔细记住某一个会引起大人情绪的行动。

本章提到的孩子相当辛苦，因为他们根本没有一套可以用来预测大人反应的准则。这些孩子为求生存，必须形成对环境观察与适应的敏锐力；即便感到孤独与无助，也只能与自己的内在对话，忍受内在痛苦和冲突的情绪感受。他们的感受力就是在这种既痛苦又不允许用外显行为来保护自己的状况下，慢慢地变得敏锐。

相较于那些从小就生活在身心皆受完整保护、被父母充分接纳、父母的行为能响应他们的需求的孩子，这种孩子的内在世界充满了困惑、恐惧、黑暗，因而时常感到惶恐不安。

父母当然不会喜欢有这些负面情绪的孩子，因此，这些孩子往往不认为自己是可爱的人，不觉得自己是有用的人，他们对于"连自己都保护不了"这件事，感到相当受挫与无奈。

为了消除这种受挫与无奈，有些孩子出现了破坏或偏差

行为；有些孩子则出现抑郁、伤害自己、失去活力的表现。不幸的是，这种表面上看起来负面的行为，又让他们再度被他人（或自己）责备，从而形成负面的循环。

长时间被控制、被剥夺自主权的孩子无法形成健康的"自我效能感"（self-efficacy）。自我效能感是指个人对自己是否有能力完成某些事情的主观判断，一个自我效能感高的人对自己充满信心，勇于面对挑战，也敢于接受失败。

相反，自我效能感偏低的人不认为自己是有能力的，他们经常还没尝试解决问题就认为自己一定会失败，会搞砸事情，会惹得大家不开心，因此他们也经常处于无能为力的状态里。

为了摆脱这种长久以来的无力感，有些人会出现近乎强迫的控制行为，竭尽所能地安排生活中的每一件事情，用控制自己与他人的方式，防止预料之外的事情发生。

有些人则产生与父母类似的模式：通过双重束缚、被动攻击来对待别人。他们借由让别人感到无能、挫败来感受到自己的能力，填补小时候那种总是只能被人控制、任人摆布的无力感。

即便如此，他们并不会从这种控制或伤害他人的行为中获得真正的能力感。因为别人不会喜欢他们，有的人只是勉强与他们互动，有的人则是投以负面的响应，并且选择反抗或远离他们。

最终，他们依旧无法获得一段健康的关系，只能看着身边的人逐一离去，而这种孤单的感觉，又让他们产生童年时期那种被大人伤害、不知道如何是好的无力感。

第五章

展开求生的行动

　　一个人真正成熟的独立，是有权利选择要不要回家，而不是因为习俗或责任不得不回家。

　　人在遭遇危险时，会本能地做出各种反应，这些反应包括外在的具体行动以及内在隐而未显的思考活动。无论是哪一种反应，都有一个共同的目的："改变现状，让自己平安活下去。"

　　有些行动求生的意图很明显，容易被辨识，有些行动则难以辨认，甚至被误以为没有动作；有些行动能够为个人带来正向的结果，有些行动却能够导致自我毁灭。

　　关于改变现状的行动，有时候我们并没有经过审慎的思考规划，仅是出于充满负面情绪的直觉反应，因此也难以预测行动的结果，无法掌握成功或失败的原因；有时候我们都误以为自己"很没用，什么事都没做"，其实你未必什么都没做，只是没有清楚掌握自己到底做了什么。

　　由于我们缺乏一套适当的求生策略，所以在行动的时候就会觉得心慌意乱，难以评估行动带来的成效，也无法坚持想要改变的决心。

　　本书第二章至第四章主要讨论孩子长时间承受着难以言喻的痛苦，而这一章，我们主要探索这些在家庭里受伤的孩子，通常会出现哪些反应。他们会用哪些行动改变现状，这些行动是否真能达到自我保护的效果。更重要的是，如果这些孩子想改变现

状，希望自己的行动可以带来一些正面的效果，应该有哪些心理
准备。

一、"求生"是与生俱来的本能

如果长期被困在一个感受不到自己价值、动不动就被骂被
比较被讽刺、怎么做都不对的环境，你将会做出什么行动？

有一则新闻报道，一位动物保护人士在废弃工地发现一只
小黑狗被困在围墙里面，当他翻过围墙要抱出小黑狗时，看到
了触目惊心的画面：墙壁的内侧布满了小黑狗试图逃脱时留下
的大大小小、新旧并陈的血爪印。可以想见，小黑狗的四条腿
在挣脱的过程中受了不少伤。

这是一个不管怎么选择都痛苦的情境。

继续留在原地可能会死亡，而尝试逃脱的举动也可能会让
自己受伤。但比起遭受被囚困的窘境，小黑狗宁可承受伤害，
也要离开那个让自己不自由的空间。这与许多在家庭受了伤想
要逃脱的孩子非常相似，但这些孩子的处境可能更糟糕。

原因有二：

第一，这些在家庭受了伤的孩子即使长大成人，也依旧期
待能够得到来自父母的爱，即使再怎么受伤、痛苦，也无法憎
恨自己的父母。

他们选择忽视父母对他们的伤害，忽视自己受的伤，以维

持心里那个家的美好形象，即便那是一个根本不存在的幻象。

第二，许多人之所以忽视或否认家庭对自己的伤害，是因为无法看见在成长过程中，父母的语言是如何对其造成影响的。这些人总以为自己适应得很好，没有受到什么负面影响，因而也忽略了求救的机会。

在成长过程中，与父母互动时经常感到无地自容、忽略自我、无所适从的孩子，通常不会认为自己曾因为父母而受过什么伤，顶多就是"因为意见不合而和父母吵架"而已。

"都怪我自己当时太冲动了""哪一个家庭不会吵架呢""爸妈辛苦抚养我们，这些我都看在眼里"……他们总是这样回答。而当你想继续引导他们去看见父母的某些行为的确对其造成伤害时，他们可能会拒绝继续讨论："别说了，不可以这样讲自己的父母。"

即使他们这么想，并时刻提醒自己"父母都是为了我好"，但那些在亲子互动中所受的伤，会在某个时刻以不恰当的方式被宣泄出来。

（一）家庭暴力的循环历程

学者沃克（Walker）提出家庭暴力通常会呈现三个阶段的循环历程：

1.紧张期： 施暴者因各种因素，内在不舒服的感受持续增强，情绪张力逐渐紧绷。

2.爆炸期：施暴者对家庭成员施加暴力行为。

3.蜜月期：施暴者对自己的暴力行为感到自责与愧疚，为了忏悔而对受虐者表现出道歉与甜蜜的行为，以表达对受暴者的弥补。

接着会经历一个平静和好的阶段，而受虐者在此阶段可能会对自己受虐的事实感到困惑，产生想原谅施暴者的念头，但这往往只是重复下一次暴力行为前的宁静……

"愧疚感"是使施暴者短暂停止残忍行为的原因之一，即使这种愧疚并没有伴随着真正的反省。

然而，对从小就经历语言羞辱、情绪漠视、精神虐待等隐性暴力的孩子而言，他们几乎没有所谓的"蜜月期"。因为，他们的父母对于自己的言行举止不会有自责或愧疚的感受，总认为这一切都是"为孩子好""为了求生活的不得已"，因此没有必要做什么改变。

相反，被认为需要改变的往往是孩子，他们被期待要提升抗压性，必须更理解父母的辛苦与无奈，要学习更懂事、更听话。

本书所提到的孩子几乎都经历过类似的情绪循环历程：

（1）因为被父母否定、伤害、忽略、控制而感到痛苦。

（2）虽然他很不舒服，但若有人提醒他可能是"受害者"时，他会觉得自己也有错，不应该指责父母。

（3）随着时间流逝，或者借由父母偶尔释放出的善意与关心，情绪就能得到平复，并且提醒自己：以后一定要更乖，要

更努力地满足父母的期待，别让他们不开心。

（二）"施舍"的关心，无法带给孩子真正的安全感

由于孩子天生就期盼得到父母的关爱，即使他们因为父母的行为与响应感到痛苦、愤怒，但往往只要父母对他们进行简单的关心和示好，就能够让他们尽释前嫌，为父母毫无保留地付出，甚至责备自己太脆弱，否认自己的负面情绪。这是令人遗憾的现象。

这种像是"施舍"的关心，无法带给孩子真正的安全感。这些关心者或者只是因为父母心情好，或者是孩子满足了父母的某些要求，或者仅仅是父母对自己言行的愧疚，而不是无条件的真诚关怀。即便孩子隐约能感知到这些关心是有条件的，但是"有"总比"没有"好。如果做些什么事可以换得这样的关心，孩子是很愿意去做的。

因此，孩子之所以重复经历这种痛苦循环，是因为他们的内在有一个渴望：终有一天，父母一定能够理解我的感受，他们会改变对我说话的方式，减少对我的期待。于是，痛苦就随着这种想法在心里持续积累。

即使前面谈了不少关于父母对孩子有害的言行，你或许还是不免怀疑：父母又没有虐待孩子，为什么会让孩子这么痛苦？真的有这么严重吗？对于这些不讨喜的信息，已经长大的我们只要提醒自己"父母讲的都不是真的，不要太认真，当作

没听到"，不就好了吗？为什么别人的话，我们都可以一笑置之，偏偏父母说的话、做的事，我们就会往心里去？

别忘了，正因为父母是我们最亲近、最信任与最期待得到爱的对象，所以他们每一次响应的内容、语气、眼神，对我们都特别有分量。所以你无法假装没听到，当成耳边风。

（三）孩子无法如实地做自己

除了父母在孩子心中的重要性外，还有一部分痛苦来自父母的响应，让我们无法如实地做自己。

每一个孩子都有属于自己的特质、兴趣与能力，为了满足父母的期待，我们被迫与内在的真实需求和情绪区分开来。这意味着在这个家里，如果你想被爱就得放弃做自己，如果你决定做自己就得失去被爱的权利。

压力与负面情绪像一座水库，一端缺乏泄压装置，另一端却不断地进水。时间久了，一旦蓄水量超过承载的能力，水库失去了调节的功能，庞大的水量就会冲破防护墙、溃堤而出。为了避免因为失衡而感到痛苦，生命体不得不做出一系列的反应来保护自己。

美国生理学家坎农（Walter Cannon）提出"对抗或逃跑"（fight or flight）的理论，他发现生物在面对危险情境时，通过一系列神经与分泌激素的反应，将会采取对抗或逃跑的应对方式，借此保护自己的安全。

大部分家庭并不会对孩子施以严重的肢体暴力或致命危险，但是当亲子之间长久以来的痛苦与压力已经累积至无法承受的情况时，很多人会在不自觉中开启各式各样的行动以求生存。

接下来，我们来看看"对抗或逃跑"，如何展现在我们想要摆脱痛苦，改变与父母互动的情境当中的。

二、为求改变而对抗

"改变"是这群孩子内心最深处的渴求。他们不满意家里数十年来的冲突状态，不认同父母对待他们的方式，不喜欢家里剑拔弩张、一触即发的低气压，所以他们想要通过自己的力量来改变这一切。

这种渴求很可能相当隐微，就连当事人也难以察觉，无法看懂自己的努力是想帮助自己的家庭有所改变。

对抗的行动，大致上可以分成破坏性与建设性两种类型。

（一）破坏性对抗

凡是世俗不认同的行为，如偷窃、说谎、打架、飙车、跟大人顶嘴、不顾大人的劝告坚持做自己想做的事情等，都被归于这种类型。

除了被认为是偏差行为，孩子这么做的目的是什么呢？

许多孩子经常通过各种偏差行为，使得长年累月争吵、意见分歧甚至互不往来的父母，为了他闯的祸必须出现在同一个地方（通常是学校或公安局），就算当下父母很生气，但生气的对象也是孩子，而不是彼此。

看着父母这种不同以往的互动方式，孩子终于比较安心：“至少他们不再把炮口朝向对方，也幸好他们还是关心我的。”孩子通过这种行为，确认父母感情的稳定程度以及他们对自己的关心。

有些孩子不论什么事情都要和父母争论，搞得父母精疲力尽，但他们其实是想告诉父母：“我是有能力的，你们可以认同我吗？”“我的想法是可行的，你们可以试试我的方式吗？”“你们的生活方式会对彼此造成伤害，我真的很担心你们。”而这么做的目的是，得到父母的认同，表达对父母的关心。

有些孩子通过拒绝上学、赖床，甚至是身体或精神方面的疾病，企图让学校、社会或家庭外的其他人找上门。这些行为的目的是让外在因素介入，破坏家里长久以来低沉却又难以打破的僵局，迫使终日待在家里郁郁寡欢、没有活力的父母必须起身做些事情，因而“长出”活力。

不幸的是，情绪化、唱反调的激烈举动经常让这些孩子被贴上“冲动”“不听话”“脾气坏”“难沟通”的标签，然后被认为是“有问题”的。因为有问题，所以被认为需要改变、治疗的是他们，而不是家里的其他成员，因而被当作家族治疗

当中的"代罪羔羊"。

这些孩子在接受教育或辅导的时候，都被告诫："以后表达想法时，要温和委婉，不要轻易生气，要体谅父母工作的辛苦。"但这种劝告的方式注定事倍功半或者以失败收场。因为这些看似负向的行为背后，都在表达他们充满无奈的渴望与期待。

我们表面上看似要协助他们，实际上，只是想要消除他们不被大人期待的行为，而不是好好地去理解他们的情绪与需求。

这些孩子就是家族治疗当中所谓的"代罪羔羊"：因为想要改变承受家庭内部的压力与痛苦，而让自己出现许多状况，进而成为家庭问题的罪人。

如果整体环境不发生改变，这些孩子的行为就会维持原状，甚至更加严重。在这种被标签化、被斥责的环境下，个人如果无法察觉自己行为背后的动机，很可能会在无意识的状态下，认同环境赋予的负面标签，从而形成对自己的负面认同。

假如你很困惑："这些人为何如此冲动，为什么有话不能好好讲？"你可以试着换个方向思考："如果好好讲话就有效，那么谁会用这么辛苦的方式沟通？"

（二）建设性对抗

如果上述行为会遭到批判，那么接下来要谈的行为就会经常被大人赞许了。

有些孩子从小就清楚把自己照顾好、不哭不闹，便能得到父母的赞赏。有些年长的孩子会主动做家务，照顾弟弟妹妹，提醒自己不可以只想着玩耍，应该更懂事一些。而这些行为的背后，其实是希望通过分担父母的压力与辛苦，减少父母因为疲累或工作压力引起的争吵或冷战。

有些孩子通过优异的成绩、卓越的工作成就，努力地想要扭转父母长久以来对自己的批评与指责。他们无法忍受父母挂在嘴边的"那个某某某都比你好"，所以期待自己也能成为父母与邻居聊天时用来炫耀的素材，让父母有面子，获得父母的认同。

有些成长在有暴力行为、父母婚姻破裂、亲子关系紧张家庭里的孩子，长大之后会选择（他们中的大部分并没有意识到自己为何会做此选择）成为助人工作者，如律师、社会义工、教师或心理师。

他们在学习助人专业的历程中，有更多机会认识家庭里的问题，学习更多沟通与改变技巧。在学习帮助他人的同时，也希望可以扭转自己原生家庭的局面，达到自我疗愈的效果。

如果你认为这些孩子因为成熟懂事、温和、积极向上，得到的响应一定会与上述那些冲动又难沟通的孩子大大不同，那就错了。

正因为这些孩子显得懂事、成熟又独立，通常不太需要父母担心，所以在成长过程中经常被父母忽略。虽然他们因为好的表现而被称赞，但大部分时候因为他们总是自动自发、无须

让他人操心、不会出乱子，所以不太会被人注意到。

这些孩子辛苦的地方在于，因为好的表现可以给自己带来正向响应，于是他们从小就不断地努力获得各方面的好成绩，以期得到父母持续的肯定。

而这样的行为模式让他们成了无法休息的工作狂，因为他们的价值完全来自他人的肯定。因此，唯有获得成就才能得到他人的肯定，并且证明自己是个有价值的人。

在用力对抗的行为背后，总有一颗期盼被理解、被安抚的心和紧握不放的希望。

无论是破坏性对抗还是建设性对抗，这些采取对抗态度的孩子内心深处的期待并无不同，也没有对错之分。纵使失败多次，他们也还是希望自己再努力一点，表达的强度再高一些，为这个家再多付出一些，父母就能停下来认真听他们说话，就不会经常生气，或许家庭气氛就会趋于和缓，或许父母就会认同他们。

那些用尽全力的对抗，其实是向父母讨爱，希望获得父母认同的行为。他们还深深地期待着：这个家，还有希望！

三、因为无力而逃跑

面对不满意的情境，当个体评估自己应对冲突的能力不足，或者曾经对抗过却以失败收场时，相对于用对抗的态度，另一种确保自身安全的求生行动就是逃跑。

家是大部分人来到世界上第一个生活的地方，也是相当重要的堡垒，是人最期待可以得到关爱、获得温暖的地方。

没有喜欢离开家的人，只有负伤累累，必须远离家庭以求自保的孩子才不得不离开家。当一个人下定决心要离开家时，他的内心往往是累积了满满的失望与伤害。

他们离家是因为无法再承受家庭带来的负面情绪，无法再接受父母对他们更多的批评和指责，他们不再相信这个家可以给予他们温暖和关怀。他们发现，在这个家里提出需求是自私的行为，表达真正的想法是不懂事的，追求自己的理想则会被视为叛逆。

离家的行为可以分为和谐式与冲突式两种类型。

（一）和谐式离家

很多人在成长过程中因为升学、工作、婚姻等各种原因，自然而然地离开原生家庭。这种离家的形式普遍具备正当的理由，因此能够被家人理解与接纳，而他们的离开，有时还能获得家人的鼓励与祝福。

如住在偏远乡村的孩子毕业后到都市或外国继续求学深造，工作中被公司外派到海外驻点，因为婚姻而必须嫁到远方的夫家，这些人的离家是为了努力变得更好，是作为某种角色该有的样子，这也是符合父母期待的。

因此，虽然在离别的时候家人相当不舍，却也能获得他们的支持，也不至于破坏彼此的关系。

这些人顺理成章地"离家出走"之后，经常会以学业沉重、工作忙、节假日订不到车票等理由，开始减少回家的次数。每到逢年过节，当家人问他们何时回家时，他们的回答经常是："我也想，但是因为……所以没办法。"

你可能会有些困惑：长大以后就该独立生活，另组建自己的家庭，因此离家本来就是一件再正常不过的事情，不是吗？

这句话本身并没有太大的问题，但这些人的心里隐隐地感知到，自己的离家并非自愿的、开心的。因此，当他的离家得到家人的祝福时，其内心反而充满失落与矛盾。

那些正当的理由，只是因为时机成熟或刻意被用来作为逃脱枷锁的合法手段。对他们而言，最期待的仍旧是继续在这个家里扮演孩子的角色，获得童年时期一直没有被满足的爱与需求。

再者，真正成熟的独立，是一个人有权利选择要不要回家，而不是因为习俗或责任不得不返家。

这群并非真心想离家的人，他们对原生家庭其实还有着眷恋与期待，却也经常担心回家之后再次经历受伤，而不回家又担心会被家人指责，于是内心经常上演回去也不是，不回去也不是的冲突戏码。

（二）冲突式离家

凡是以家庭矛盾、私奔及其他形式不告而别离开家的行为（包括因自杀离世）都属于这一类。

大部分家庭成员对于孩子这样的离家方式感到错愕、不解、愤怒，家人或许能猜出他们这么做的一部分理由，却无法谅解他们用这样的方式离开。

在韩国电影《与神同行》里，主角金自鸿因为自己对母亲的行为感到强烈自责与愧疚，从年轻时就长年离家。他总是挂念家里的母亲与弟弟，努力兼好几份工作，省吃俭用，然后寄钱回家贴补家用，并且在寄给母亲的信里骗母亲自己过得很好。他也利用工作之余躲在远处，偷偷看着在菜市场做生意的弟弟与妈妈，借此抚慰自己想家的心。

因为愧疚，他选择离家，但弟弟从此强烈地怨恨他。

在电视剧《花甲男孩转大人》里，花甲的姐姐花慧因为童年时期目睹父亲暴力与不负责任的行为，内心积累了满满的愤怒与痛苦，也是在未成年之前就只身到外地工作、生活，直到奶奶病危她才带着虽然不情愿却又担心会因错过而后悔的心态，痛苦地回到童年生活的家中。

因为愤怒，她选择离家，而她的弟弟与父亲也对她感到不解与愤怒。而这种因为痛苦而离家，又因为离家遭受更多非议的现象，在许多辍学、翘家的孩子身上，经常能看到。

他们不上学、不回家，终日流连网吧或公园。理由很简单，那些地方不会有人骂他、讽刺他，对他寄予无穷无尽的期待；那里有人陪他度过无所事事的孤独时光，一起聊聊被大人认为言不及义的话题。这些孩子拥有相同的生活背景，以至于他们能够理解彼此那份一直没有被理解的失落。

他们不像别的孩子一出生就成为家人关注的焦点，也无法像品学兼优的孩子在学校获得成就感，所以只好努力地从其他地方获得他们想要被关注的需求。

除此之外，相较于有正当理由离家的人，许多还在上学的未成年人承受着家庭给予的难以言喻的压力与情绪，到后来因为痛苦而离家，由于缺乏正当的离家理由，而被学校、父母、亲戚、邻居用充满质疑与负向评价的眼光看待。

他们不但得不到人们的同情，甚至还被外界贴上翘家、辍学、偏差行为的负面标签，因而受到二度伤害。

选择冲突式离家的人，其内在的痛苦是难以想象的，那种痛苦之强烈无法找到贴切的语言来形容，也没有能够倾诉的对象。

他们找不到正当的离家理由，却又无法在这个家里找到安放自己的位置，以致除了逃跑当下，想不出其他更好的办法。

对抗或逃跑与他们的身体是否待在家里没有绝对关系，而与他们在遭遇冲突的情境时，是选择直接面对还是选择迂回逃避的态度有关。请记住，这两种行为没有优劣对错之分，仅仅是个人在面对痛苦时所做出的选择而已。

有些人虽然长年与父母同住，但是他们已经习惯将父母的指责当作耳边风一般听而不闻，对家里的冲突视而不见；忽视父母的期待，对自己的课业或未来抱着放弃的态度；更极端的状况是，忽视父母对自己身体或精神上的伤害，否定家庭给自己带来的压力与负面情绪等。诸如此类，虽然他们身体还在家里，但在精神层面早已远远地逃离了这个家的互动范畴。

有些人很快为自己找到某个信仰，提醒自己要放下、要感恩、要用爱来看待一切。

我认为，这样的行为必须相当谨慎，因为信仰本身没有优劣，但很多时候，我们并不是真的信仰，而是期待通过某个信仰来帮助自己在痛苦当中找到一个出口，从而获得解脱。

这种解脱往往是借由牺牲自己的感受、放弃自己的需求换来的。而这种行为只是为了找到一些说服自我的教条，使自己受到的伤害合理化，避免因为对父母的质疑而引发更激烈的冲突。

有些孩子成年后，虽然已经离家多年，自认为可以过不受原生家庭影响的生活，但又担心父母其中一方生病了没人照顾，而经常请假回家陪伴父母就医，担当起父母婚姻中另一半的角色；有些孩子成年后，一到节假日，内心就会响起"不回家帮忙干活，就是不孝顺"的警铃；有些孩子成年后即使原本已经有安排好的行程计划，因为父母的一通电话，他们也会硬

着头皮更改或取消原定行程。

他们虽然离开了家，但是依旧深受父母的影响与控制。

值得注意的是，有些孩子成年后，采取更激烈的行为，他们直接切断与原生家庭的所有联系，不再回家，也拒绝用任何形式参与家庭事务。

这种激烈的行为不可避免地遭到父母与亲友的强烈谴责，他们往往会被贴上"忘恩负义"的标签，到后来，连家人也决定放弃他们。

这种看似背叛家庭、自作自受的行为，其实是因为个人心里累积了过多没有被理解的委屈和苦痛，以致不得不使用的最终手段。

当这些人决定与家人切断联系时，真正毁灭的并不是家庭，而是他们自己。因为，他们一旦决定采取逃离的行动，就等同于放弃了被父母理解、认同及疼爱的机会。比起那些采取对抗行为的孩子，他们已经对这个家失去了希望。

这些离家的孩子带着内心的缺憾，离开了原生家庭，尽管他们将来也会组建自己的家庭，但他们就像一片失根的浮萍，抱着一份郁闷，在心里永远留下孤独的一角。

四、摆脱无力感，寻找有效的行动

作家小野曾说："你所反抗的，正是你所眷恋的。"正是因为你在乎、你渴望，所以才会动用全身的力气去对抗或者逃离，只为了让这一切有所改善。可是你却发现，自己能做的都做了，一切还是像一潭完全无法激起涟漪的死水，所有的希望仿佛被无止境的黑洞吸干，你的世界陷入一片空无的死寂。

无论你做什么，都被视作对这个家庭缺乏向心力的行为，辜负父母对你的抚养，违背父母对你的期待。

无论你跑到哪里，或者编出多么完美的不回家的理由，你还是开心不起来。因为你虽然骗过了家人，但终究骗不过自己。

什么意思呢？

你或许没有察觉到，不管你放了多少狠话、下定多少次决心，在你的内心深处，依旧住着一个希望父母会改变，能肯定你、鼓励你的"小孩"。你期待有一天，他们终于发现你从小一直没有被满足的渴望，然后把你捧在手心呵护着，将那些年的失落好好地爱回来。

可惜的是，抱着这种期待的你，将会在期待与受伤之间展开痛苦的无限循环。

"不回家，你没机会看到父母的改变，之前的努力就都白费了呀！"长久以来的渴望，总是躲在内心的某个角落，当你决定放弃一切的时候，悄悄地跳出来，在你耳边质疑你的行为，提醒你不要因一时冲动导致前功尽弃。

"别傻了，这么多年来，哪一次回家没有发生冲突？"你拍拍自己的脸颊，用过往的负面经历提醒自己回到现实。

"说不定……"内在的声音不放弃地劝诫你，"说不定今年真的会不一样呢！你不是想了很久，要勇敢地对父母说出你的感受吗？"

"最好是！每次讲出自己的真心话，只会被骂。你忘了去年的惨况了吗？"你再一次反驳自己内在的声音。

"不一定啦。说不定上次是你说话的口气不好或者父母没听清楚而已，你再用心一点，好好讲，说不定事情的结果就会不一样……"

就这样，你在理性与渴望、现实与期待之间，永无止境地互相拉扯。

心理学有一个概念，叫作习得无助感（learned helplessness）。心理学家将实验室的小白鼠关进铁制的笼子，并且不定时对笼子通电。小白鼠一来因为不管怎么跳、跳到哪里都会被电到，二来因为不定时的通电使它无法预测痛苦什么时候会降临，到后来即使心理学家调低电量、频率，它们都选择待在原地，坐以待毙，甚至连心理学家将笼子的门打开，有些小白鼠也放弃了逃离。

这种情况与前面提到的对抗或逃跑是很相似的。

无论对抗还是逃跑，你的心依旧住在这个家里，依旧深受这段关系的压迫与伤害，无论你怎么努力，都无济于事。当你面对这样的状况时间久了，就会产生习得无助感。

带着沉重的无助感，有些人选择自我放弃，借由近乎漠然的情绪反应，让父母持续用他们习惯的行为模式来伤害自己；有些人选择与家人断绝关系，将自己与家人拉出一段遥远的距离，从此不让家人越雷池一步。

有些人认为这些孩子冷酷、无情，不懂得感恩。事实上，那只是这些孩子的表面行为带给别人的误解，而他们的内心存在许多冲突：

- 想对父母释出善意，却害怕被拒绝。
- 想对父母表达脆弱，却害怕被嘲讽。
- 想坦露真实的想法，却担心被责备。
- 因为痛苦而想奋力改变一切，却担心被父母处罚。
- 因为无力而想逃离一切，却又害怕被谴责、被遗弃。

为什么会有这么多的担心与害怕？因为他们在成长过程中已经累积太多受伤的经历，以致他们对许多大家认为理所当然的互动，总是持有负向的预期。

这些孩子在成长过程中经常会有几种情绪交替出现：

- **抑郁**：不相信这个世界还有真正的爱，也不认为自己的努力可以改变什么。他们对改变充满了失望、对自己感到无力，甚至认同父母的观点：我的确不是一个好孩子，我不值得被肯定，这辈子逃脱不了被数落、被贬低

的命运。

● **愤怒：** 对这个世界感到气愤，对发生在自己身上的事情感到愤愤不平。既气愤父母对自己的教养方式，也气愤自己无法改变现状，无法保护自己。

● **自责：** 觉得一定是自己不够好、不够努力，所以才会被父母这样对待。认为自己自作聪明、没事找事，早知道就不要采取任何行动，逆来顺受就好。

这些孩子不仅背负着他人的不谅解，而且内心充满了对自己的指责，对父母的愧疚感与罪恶感。

其实，不管对抗还是逃跑，都是他们当下能够想到的最好选择。但这些行动引发了父母的负面情绪，孩子一接收到这样的信息，会立刻感受到长久以来熟悉的害怕与担心，而选择放弃继续行动。

不管对抗还是逃离，终究还是自己被责难，难道只能接受现状，坐以待毙吗？

当然不是。

五、想要改变，你必须有的三个心理准备

改变是一段孤独且充满挑战的历程，在你决定开始改变现状之前，必须先做好三个心理准备，让自己避免在这段历程中

越走越恐惧，并且减少不必要的伤害。

（一）你的努力，一开始绝对不会得到正向响应

无论你打算采取什么行动来改变现状，都要清楚地知道：一旦你开始行动，势必会动摇家庭中原本的关系形态，以及多年来已经僵化、被视为理所当然的互动模式。

例如，你的父母可能已经习惯了你的逆来顺受，习惯用一句话就能呼唤你去完成某些事，可以用情绪化的行为来对待你。当你一反常态地顶撞他们、反抗他们或没有任何响应时，会让他们感到诧异、陌生，进而感到难受、产生焦虑感。

他们绝对不愿意见到原本"好好的孩子"突然变得"不听话""没礼貌""自以为是"。你的每一个行动都会被负向的观点做解读，这时候无论你怎么解释都没有用。对父母而言，你如果真的懂事，就放弃想要改变的意图，恢复原本乖巧听话的样子。

如果父母在你表达真实想法后，愿意与你讨论、表达反省，那是相当幸运的结果。只是，绝大多数父母的响应是冷言冷语、责备批评。因为当你诚实地说出自己的感受时，父母会觉得受到你指责，使他们产生童年时期被父母否定的那种负面情绪。

所以，不要期待你鼓起勇气所做的改变会立即得到父母的肯定。你必须耐得住这种失落与挫折，才有坚持改变的行动。

（二）改变需要给彼此时间、循序渐进

冰冻三尺，非一日之寒。家人之间的互动模式是长久以来累积的结果，在改变的时候无法立竿见影。因此，如果你想要改变这段关系，记得给彼此更多的时间。

再者，行动的强度可强可弱。在某些充满危险的互动模式里，孩子因为难以承受伤害，而选择一走了之，完全截断与父母之间的所有联结，这当然是非常极端的情况。对大多数人而言，并不需要走到这种地步。

如果你期待自己的改变能获得父母的理解、接纳，那么你必须给自己也给对方一些时间来适应。

请记住：改变要从不会激发强烈情绪的行为或小地方开始。任何一种改变势必会造成不同程度的紧张气氛，但是要尽可能避免无谓的冲突，降低自己被伤害的概率。例如：

- 从每周回家一次调整为两周或三周回家一次，而非突然完全不回家。
- 从随时都得接父母的电话调整为某个固定时段才接，或者待手边正在忙的事情结束后再回电，而非完全断绝联系。
- 从完全听话照做调整为表面答应，然后视自己的能力完成某些事情，而非全然拒绝或恶言相向。

* 对于父母不善的语言，以往你总是全盘接受或严厉反驳，现在试着练习左耳进，右耳出，听听就好，无须认真看待。

（三）重视微小的进步

心理咨询师相当看重进步的价值，哪怕是自己认为微不足道的进步，只要能找到进步产生的原因，愿意持续执行这些有效的行动，小进步将会累积成大进步。这些小进步包括自己的行动与父母的反应两部分。

1. 自己的行动

我们从小就被教导要谦虚，好了还要更好，以至于我们很难鼓励自己，也难看到自己的进步。如果能够做到上述那些渐进式的改变，请记得给自己一些鼓励，因为那需要很大的勇气才能办到。

万事开头难，一旦有了第一次，即使只是小进步，也代表你已经不同以往，迈出勇敢的一步了。

或许在互动过程中，依旧会有委屈、会感到害怕，但你却没有像以往那样退让、妥协，这种看似微小的改变，就是大大的进步。

在行动之后，你的身体可能会伴随心悸、不由自主地颤抖、大脑一片空白，那是身体在进行极大的能量行动之后产生

的正常反应，毕竟你对这样的行动是陌生的。当情绪渐渐平稳下来之后，你会发现以往那种情绪被闷住、委屈与挫折的感受竟没有以前那么强烈。

2. 父母的反应

如果父母对你表示谴责与不满，怎么办？请记住第一点说的：你的改变，一开始难以获得父母的正向回应，而让父母满意也不是你寻求改变的主要理由。

你采取行动最主要的目的是改变原本那种不被尊重的互动模式，为自己设立界限，表达需要被尊重的需求。

虽然父母对你的改变感到不满，但只要没有进一步逼你就范，就是最重要的反馈。

虽然你没有办法全然满足父母的要求，取悦他们，但是你获得了一些自己的空间，这是你在行动之后获得的正向回馈。继续这样的行动，就能让对方知道你的界限，也为自己创造更多自由的可能性。

时刻有这三种心理准备，将会使你有勇气与毅力，巩固你想要改变的决心与行动。

第六章

为伤害设停损点：改变的前奏曲

　　挖掘事实会令你痛苦，却也能为你带来自由。

——爱丽斯·米勒

那些你不去正视、不愿接受的事实，并不会因为你否认就不存在。相反地，被我们漠视的负面情绪与感受往往会持续累积，并且促使我们通过不健康的方式来获得疏解，如暴饮暴食、各种成瘾、自我伤害或者转向攻击他人。

咎责可以让内心积累已久的情绪即时找到一个宣泄口，让你觉得畅快许多。但一味地指责、谩骂，对于漫长的自我疗愈之路绝对没有帮助。

骂到后来，你会发现能骂的好像都已经重复骂过好几遍了，但内在的不舒服并没有持续减少，那些令你痛苦的情境也没有改变。

如果你期待能改变充满伤害的互动模式，就必须调整旧有的态度，并且采取不同以往的行动。

现在，是时候为你承受的伤害设下停损点了。让我们一起来看看，是否带着某些对自己有害的态度生活已久，却不自知？如何调整这些态度，才能帮助我们活得更健康？

一、改变，必须从自我觉察开始

自我觉察是指探索个人的各个层面，帮助自己更了解自己的行动。例如，你喜欢什么，讨厌什么？你对未来的期待是什么？什么样的人让你觉得温暖／亲切／紧张／恐惧？哪些事情容易让你往心里去？你最在意别人对你的什么看法？你最期待被别人认识的部分是什么？

自我觉察是一种更贴近自己的重要行动。我们借由持续的自我觉察让内心更澄澈。因为理解自己的需求和限制，所以能够更清楚自己的情绪，不随便将责任归咎于他人。当然，也不会随意让别人来控制自己。

在讲求听话与顺从的传统文化下，自我觉察被视为一种会让人变得自私、难管教、自以为是的不当行为，那意味着你不再将长辈说的话当作唯一正确的标准。

因此，我们对于觉察自我是陌生的。在练习自我觉察的初期，我们常会遇到了解自己的需求，却不被他人支持的状况，这种状况会令你产生挫折感，但请你不要放弃，因为那是靠近真实自我的必经之路。

如果你不希望自己总是带着受伤的感受生活，就必须正视并承认，父母的所作所为，对你的确造成了不容忽视的伤害。

我反复强调这些内容的原因是：知道是什么让自己受伤，自己在这一段关系里如何被伤害，才有可能鼓起勇气，重新调整自己在这段关系里的样貌，改变应对的方式，以保护自己。

（一）你没有变坏，只是没有全然满足父母的期待

在心理咨询中，许多人谈到对父母的负面情绪（例如，愤怒、失望、轻蔑）时，往往会出现另一种纠结的情绪："我竟然在背地里讨论父母的种种不是，这样的我是不是很糟糕？我真是一个不孝顺、有愧于父母的人。"

"以前不管父母怎么对我，我虽然会难过，偶尔会愤愤不平，但都可以忍受。可是现在的自己，竟然开始质疑父母背后的意图，怀疑他们以爱之名，将自己的情绪发泄在我的身上。这样的我，是不是变坏了？"

你会这么想，是因为身为孩子，在尝试改变的过程中很自然地会对父母感到愧疚。

毕竟，孩子鲜少会觉察父母对待自己的言行是否合理，并且误以为顺从、忍耐、压抑就是对父母的忠诚与孝顺，他们用这样的方式来表达对父母的爱，但这只是一种在道德价值的束缚下勉强维持的联结。

这种联结使亲子关系维持表面的和谐，虽符合传统文化的期待，但让孩子持续生活在被伤害的环境下，而父母也没有机会学习用更适当的方式来响应孩子的情绪与需求。

自我觉察是一种无法倒退的行动，一旦你发现自己长久以来总是情绪被压抑、需求被忽略、自尊心遭到贬低，你就很难欺骗自己这些事实不存在。

当类似的情境再度出现时，你会更明显地感受到身体与情绪的不舒服，你可能不想如过往那样被伤害，却又不知道该做出什么样的反应才不会破坏彼此的关系。

即便如此，这样的你也已经迈出了不同以往的步伐。这一刻的你，是带着觉知与父母互动的：你知道当下正在发生什么事，也感受到自己身心的反应，这是让改变得以发生的关键觉察。有了这些觉察之后，通往改变的大门将会为你敞开。

请记住：自我觉察不是坏事，这种行动虽然很难获得权威者的鼓励，却是启动自我保护的重要行动。

（二）你不是无法抵抗，而是没机会学习自我保护

无论在什么场合，每当遇到有父母问我打孩子的教养方式到底有没有效时，我的回答总是相当一致："对于吓阻他当下的行为或许有短暂的效果，但对于这个孩子的身体与心理健康绝对是充满伤害的。"

第一重伤害是暴力行为在孩子身上直接造成的伤害。第二重伤害是父母摧毁了孩子对他们的信任与安全感。第三重伤害是当孩子被命令乖乖站在原地让父母打时，扼杀了他们保护自己的权利意识与能力。当他哪一天被别人伤害时，父母却又轻蔑地说："被人家欺负都不懂得保护自己，怎么这么笨啊？"这是在孩子伤口上撒盐的第四重伤害。

有时候会有人责备你，认为你小时候因为没有独立生存的

能力，当然很难抵抗父母给予的伤害，但是长大后的你，已经过着独立的生活，如果还脱离不了这种互动，你自己也要负一些责任。

这个观点乍听之下似乎很符合逻辑，因为人应该随着长大而具备保护自己、辨识有害行为与语言的能力。

但这个观点成立，必须有一个重要的前提。

自我保护是一种需要反复练习才能强大的能力，而不是某一天突然就有了。这种能力有赖于大人在生活中的教导，并且通过真实的互动，让孩子感受到自己是被保护的，任何一个人都不可以伤害他，并且学习当别人对他做出某些攻击行为时，他可以展现出自我保护的行动。

如果一个孩子从小就被威吓不许为自己的行为辩解，不许反抗来自父母的贬低与打骂，不许练习保护自己，也从未有机会培养自我保护的能力，那么无论他活到多少岁，都很难抵抗来自他人的伤害。

对他而言，自我保护是不被允许的。相反，对他人的攻击行为逆来顺受才是听话的"好表现"。而这种模式将会根深蒂固地种植在他的内心，无论是他与父母的亲子关系，还是长大以后与伴侣的关系，他都将扮演那个借由被伤害来获取关爱的角色。

试问，如果一个人从小就在这种互动模式下成长，当他渴望拥有一段亲密关系时，如果他在这段关系里经常被对方施以暴力，那么他是会选择坚定地表达自己的感受、尊重并保护自己，还是继续承受这种被伤害的对待，避免关系破裂呢？

如果你经常责备自己无能，痛恨自己为什么被他人伤害却无法抵抗，请你一定要停止这种质疑与批判自己的行为。有错的是那些伤害你的人，而不是因为被伤害而感到痛苦的你。你应该做的，是好好地心疼那个从小就被粗暴对待，没有机会被教导如何自我保护的自己。

如果现在的你已经是一个生活、经济皆独立的成人，却突然发现自己一直以来都不知道如何自我保护，不知道原来你有保护自己的权利，所以想要拥有保护自己的勇气，请你一定要给自己一些改变与成长的时间。

改变带来的成效，或许不会来得太快，但启动改变，却永远不晚。

请记住：除非有你的允许，否则谁都没有权力侵犯你。

（三）每一个人都是独特的，痛苦无须比较

有时候，我们之所以停留在被伤害的关系中，无法鼓起勇气做出改变的行动，不是因为不敢行动，而是我们误以为不需要行动。

"世界上比我悲惨的人，还有很多吧？"有时候我们会用这句话提醒自己，"你是不是以为自己很悲惨？拜托，不要过度反应，不要因一时冲动而破坏了与别人的关系。"因为自我怀疑，担心破坏关系，所以我们会带着这样的疑惑，持续生活

在有害的互动模式里。

　　的确，世界上有许多人从小就遭受身体上或心灵上的残酷虐待，过着不人道的悲惨生活。但我们为什么要拿自己与他们做比较呢？如果我们认同痛苦可以这样被比较，就等于认同我们的痛苦可以由他人来界定，而不是接纳自己主观的真实感受。

　　有些孩子跌倒以后并不会立刻爬起来，而是先看看周围是不是有人在看他。如果有，那么他可能会忍着疼痛，走到没人的地方，才让眼泪掉下来。为什么要这样？因为害怕别人会嘲笑或处罚自己的脆弱，所以孩子小小年纪就学会了戴上名为"勇敢"的面具，期待得到来自他人的鼓励。

　　历经长年的训练，我们这种"戴面具"的技艺变得炉火纯青。我们擅长压抑、忍耐、否认、退让，却也因此离自己真实的情绪越来越远，一再错失自我疗愈的机会。

　　假如你因为受伤而流血，难道还要向父母、老师、朋友求证，得到他们的认同后，才能确认那的确是一个伤口，然后才可以去敷药、包扎？没有一个人生下来就应该被伤害，我们不需要拿别人的悲惨来说服自己继续忍耐现状、否认自己受的伤。我们要做的是努力让自己的生活过得更健康、更安全。

　　痛苦是没办法比较的。一个人的痛苦，从来就不需要由别人来盖章认定，也不应该被拿来互相比较。

　　如果你正在阅读这本书，还待在痛苦的关系里，你可以选择再忍耐一阵子，也可以选择维持目前与父母的互动模式，但那或许是因为你正在酝酿改变的方法与勇气，或许是在寻找适当的机会开启行动，但请不要用社会新闻里那些惨不忍睹的家暴事件来欺骗自己："其实我经历的事情根本没什么，不要过度解读自己的不舒服，就没事了。"

伤口大小不是一种成绩，不需要拿来与别人排名；忍耐不该作为处理情绪的唯一能力，也不需要拿来与别人竞争。

请记住：如果连你都不尊重自己的感受，那还能指望谁来尊重你呢？

二、拒绝缺乏同理心的廉价劝告

当你摆脱不恰当的传统观念的蒙蔽，看见父母的所作所为的确对自己造成伤害时，你将会感到彷徨与无助："我的父母真的是这样的人吗？""他们怎么会做出这些伤害我的事呢？"

这种困惑会令你相当难受，因为你一直以来深信不疑的信念突然被撼动，这种突然之间的认知失调，会令你不知所措、心慌不已。

你想确认这一切到底是不是真的，是不是因为自己的敏感而产生了误解。你对自己、对这一切感到困惑，于是你开始寻找身边那些你信任的亲朋好友，并且鼓起勇气向他们求证。

不用担心，有这些反应是自然且正常的。

但是，由于大家生长在同一种文化环境下，他们也衷心信

奉相同的价值信念与教条，深受同样的伤害而不自知。有很多人甚至还以"能够忍耐来自父母的责骂与批评却不反抗、能将父母的指责或讽刺转化为让自己更好的养分"而感到自豪。所以你必须留意这些来自他人的规劝和安慰，它们很可能无法给你带来正向的帮助，甚至可能造成更多的伤害。

（一）破解似是而非的概念

心理学里有一个概念叫作内摄，意指我们对外界的态度、价值观不假思索地全盘接收，我们没有经过审慎的思考和评估，就将这些来自他人的观点当作自己看待事情的观点，把别人遵从的价值观作为自己生存的圭臬。

很多似是而非的价值观、道德观就是通过这样的机制，深植到生活在同一种文化下的人们的内心。

因此，从这些人的视框，你没有办法得到不同于错误的传统观念的观点。当你向这些人进行确认时，他们的反应很可能会是：

- 你长这么大，怎么还会这么想？父母这几十年来的付出，你感觉不到吗？
- 父母一定有不得已的理由才会动手，那都是为了你好。
- 这辈子有缘做家人是前辈子修来的福，身在福中要知福、要感恩。
- 天下无不是的父母，等你长大当了父母之后，就会理解他们的苦心。

- 父母辛苦了一辈子，身为孩子要退让一些。这道理，你不懂吗？

除了上述语言之外，还有一系列类似心灵鸡汤"懂得爱就不会恨、用爱包容一切"的劝诫。

这些语言听似有道理，其实它们的背后都在传达共同的态度：父母是对的，孝顺就是孩子无条件接受父母所做的一切。如果别人都可以服从这些价值观，只有你有意见，那么问题一定出在你身上。

让我们一起来看看，这些耳熟能详的话到底哪里有问题。

"父母这么辛苦，你难道不能退让吗？"这一类的话，意味着因为父母抚养你长大，所以你理所应当要承受父母各种不当的对待。

孩子对于父母的抚养当然是要感恩的，因为抚养孩子是一项非常不容易的工作。但即便如此，孩子也是一个活生生的独立个体，当他还处于没有自我保护能力与判断力的童年时期时，尤其需要被尊重、被妥善照顾与教养，如此，他才能拥有健康的身体与心灵。

如果父母以辛苦为由，理所应当地漠视孩子的需求、否认孩子的情绪，甚至以各种控制行动扼杀孩子的自主性，那么这样的对待，就逾越了孩子表达感谢的范畴。

身为孩子的你，可以用自己能力所及的行动，为父母分担家务、表达关心，但不该用自我牺牲来满足父母不恰当的对待。

"你还小，长大以后你就能理解。"则在告诉你，你还不够成熟、不够智慧，以至于你无法看穿这些语言与行为的背后，其实是带给你某些好处的。

那也意味着你吃的苦还不够多，如果想要了解这一切的意义，想得到修炼后带来的成长，就必须继续忍耐让你痛苦的一切。

这句话不但没有同理你的感受，甚至还落井下石，加码指责你的能力不够、不够成熟。对从小就习惯被恐吓的孩子而言，这无疑是成效极强的催眠，听到这句话就像启动了某个熟悉的开关，自动化地压抑自己的不舒服，提醒自己"吃苦当吃补，吃得苦中苦，方为人上人"。

至于"要感谢那些伤害你的人，因为他们为你的生命带来学习"更是可怕的魔咒。因为那暗示着别人可以任意地伤害你，你最好不要只专注于痛苦，而要带着正向积极的心态从中反省，才能真正有所获得。

一旦你细细去拆解这些似是而非的道理，就会发现这些道理都是荒谬至极的。

我当然认同每一次的受伤经历都能让我们从中学习，但我们要感谢的不是那个带来伤害的人，也不是这件根本不该发生在自己身上的事，而是在受伤中勇敢站起来，愿意重新整理这些经历的自己。

那些充满道德与孝顺至上的劝说，往往缺乏设身处地、感同身受的同理心。他们没有办法同理你长久以来经历的委屈与痛苦，无法理解你做出多大的努力，才不至于崩溃、自我放弃。

但这不是你的错，而是他们没办法也不允许自己去正视发生在你身上的事情。因为在他们同理你的同时，也可能被迫去发现自己身上有与你类似的经历，这样一来，他们也得启动对父母的质疑，而这对于大多数人而言，实在是一种冒险。

不要逼迫自己成为"被打左脸，还要求连右脸一起被打，要笑着对伤害自己的人说'谢谢'"的圣人。那只是理想化的期待，而不是你应承担的责任，你的爱与包容不该用在自己被伤害的情境中。该好好反省与学习的，是那些总是以爱之名，有意无意伤害你的人！

这些企图告诉人们"用爱可以解决一切"的语言往往说得好听，被许多人奉为圭臬。在我们还很小，没有发展出成熟的判断力之前，这些似是而非的概念就反复地"催眠"我们，以致我们很难辨别这些声音的存在。但我必须说，那些没有亲身经历或者不敢正视家庭创伤的人是无法真正理解你的感受的。

如果周遭的人无法给我们的创伤带来不同的视界与洞察，那么我们就更应该将看清事实的责任一肩扛起。

觉察本身虽不足以直接改变现状，但唯有清楚自己的状态，才有机会选择是继续停留在原地，还是试着让这一切有所

不同。

再次提醒你：你受的伤，不是通过别人来认定才能成立；你受的伤，无论是大是小，都值得被关心。

（二）人生值得苦难的磨炼，但不该理所当然被伤害

你是否困惑过："人生，难道不该吃苦吗？"一个人一辈子遇到的难关何其多，我们何必将父母无心的语言和行动放大检视？为什么要讲得好像父母的关爱只会给孩子带来伤害，却没有任何帮助？如果孩子在成长过程中没有经过这些历练，连这样的语言或行为他们都承受不了，未来又该如何面对生命中的诸多挑战？

人生到底值不值得经历苦难的磨炼？我认为是值得的。

然而，这里提到的苦难与本书讨论的伤害在本质上是完全不同的。这里的苦难是指来自生命的各种无常以及不可避免的生老病死。例如，在职业生涯中因不知如何规划而感到困惑，在前往某个理想目标过程中受到的磨炼，在生命中必须面对亲人的病痛和离世等。

对于孩子而言，父母加之于他的伤害，当然也是一种苦难的磨炼，毕竟我们没有办法选择出生在什么样的家庭，无法选择遇见什么类型的父母，对于这无法避免的一切，我们无从抱怨，也无须责怪命运。我们能做的就是接受眼前的事实，然后努力调整与父母互动的方式，找到保护自己的方法。

或许有一天，我们终将从这个充满痛苦的关系中蜕变成能够保护自己的大人，我们可以拥有爱人的能力，以停止将这种伤痛施加在他人身上的负向循环。

每一段生命都有属于自己的功课，但是这并不代表任何一个人可以将自己的痛苦、情绪扔到他人身上，然后理所当然地对他人造成伤害。

尽管每个人在生命之初无法选择自己的家庭，但他们并非只能被动地忍耐和压抑自己的感受，直到父母离世才有权利展开新的人生。

（三）重新定义"好"的改变

有些人误以为所谓的"好的改变""成熟的心态"，就是终有一天能够与父母保持顺畅无碍的沟通，能推心置腹地与父母谈心，并且对父母的一切言行乐于承受，不抱任何负面情绪。

如果你这么想，那么无论这一生你怎么努力，都将因为达不到这种状态而受挫，然后宣告放弃。

因为这种"好"，事实上是不存在的，你的努力满足了道德价值的期待，却否定了自己真实的情绪和需求。

真正"好"的改变，并没有一个绝对客观的标准，重点是你能够从这个改变中获益，可以过得更放松、更健康。你可以为自己的生活做选择，接纳自己的情绪和感受，不用因为恐惧

而讨好父母，也不用因为要讨好父母而否定自己。

这个"好"当然不是纯粹为了满足自己而去刻意伤害父母，也不是为了反对父母而反对，但是在你维护自己权利的同时，很可能会引发父母的不满，所以会被父母指责。

因此，你必须清楚地告诉自己：我曾经有很长一段时间站在父母那一边，宁可伤害自己也要维护他们。但现在我想多照顾自己一些，不想再为父母的情绪负全责。我的种种改变，只是为了达到这个目标而已。至于别人如何定义"好"，就由他去吧。

三、停止重复无效的行动

焦点解决短期治疗（Solution-Focused Brief Therapy，SFBT）学派认为，有时候让问题恶化的原因，就在于我们用了错误的方式来解决问题。所以在改变的过程中，有正向效果的行动就多做一些，并且停止那些无效甚至会带来负面效果的行动。

（一）停止"审判"的行动

为了改变现状，我们想找出"真正的凶手"，期待他能认错，并且为这一切负责，让所有的纷扰就此回归尘土，从此过着平静和睦的日子。

　　所以，你会努力去证明真正的错到底在谁身上。这一切荒谬的互动，是从几岁开始的，那时候家里是否发生了什么重要事件，但自己没有注意？是否因为自己做错了什么，才导致这一切的发生？谁该为这一切负责？

　　可是当你这么做的时候，往往会令自己掉入无力的深渊。

　　因为，父母对你做出某些有害的行为，很可能与他们童年时期被对待的方式有关，甚至他们在成长过程中也遭受过祖父母的伤害。所以，到后来，你往往找不到真正的受害者是谁，加害者又是谁。

　　再者，即使指出谁有错，也很可能无济于事。因为对于大多数孩子而言，就算他们认为父母要为有问题的教养方式负绝大部分的责任，但因为慑于父母的权威性，孩子害怕与父母发生冲突、害怕被指责，因此也不敢向父母究责或抗议。所以当奋力去找"凶手"时，很可能让自己更痛苦。上述这种对父母的敬畏与害怕，会让我们在潜意识中将愤怒转向自己："都是我自己没用，别人才这样对我。"

　　所以，即使你认为问题明显出在谁身上，并且奋力地去证明这个假设时，结局却令自己更加无能为力。

　　如果父母承认自己的不当行为，愿意向孩子诚心道歉，即使对已经造成的伤害于事无补，也可以让孩子获得长年缺乏的尊重，重新感受到自己的价值，获得面对人生的勇气。

　　可惜的是，大多数的父母很难做到这些，如果他们能够觉察

并反思自己的行为，就不会造就如此纠结痛苦的亲子关系了。

所以关于改变的行动，不是对谁的行为进行审判，然后得到他的道歉。真正的重点，在于我们感知到自己受伤了，并且愿意正视自己的需求，尊重自己的情绪感受。即使我们一直无法得到他人的道歉，也要将疗愈的权利掌握在自己的手中，让自己过得更健康。

请记住：你的改变，不是为了得到谁的道歉，而是为了停止别人对你的伤害，并且将生活的主控权掌握在自己的手上。

（二）停止"改变父母"的念头

"改变那个有问题的人，就可以改变现状"是大多数人的想法，但这种想法很可能阻碍自我疗愈的进行。

我们期待他人改变，就好像等待奇迹出现一样，可遇而不可求。采取被动的等待，经常会令我们感到无力与受挫，因为这等同于将事情能否有所不同的决定权交到了他人手上，于是在这段关系里，我们只能是任人摆布的棋子。

有时候，我们也想找出始作俑者，并且借由改变他、停止他的某些行为，进而让现状有所改善。但这种企图改变别人的行动，很容易引起更大的冲突。

我曾在一场亲职教育讲座上被一位母亲强烈质疑："当人们苦于不被自己的父母理解时，你为什么鼓励他们接受父母的不理解而不是引导他们持续向父母说明？""你不继续努力，父母怎么会有机会知道你在想什么？""一定是你的方法用得不够好……"

事实上，这位母亲的质疑也反映出大多数成年孩子的恐惧："如果我不努力改变父母，这辈子是不是就没有被父母理解的机会了？"而这样的恐惧，源自孩子从小到大对于被父母同理、了解的匮乏。

"只要我再努力一点，爸妈一定会理解我的！"无论我们活到多少岁，内心总是隐隐地藏着这个声音，像害怕找不到父母那样，用力呐喊，努力表现，期待有一天父母能够听见我们的期待，听懂我们的需求与感受。

很可惜，事情往往无法尽如人意。

人的行为之所以难以改变，是因为其背后有深信不疑、难以撼动的价值观。这些价值观是个人长久以来建构的结果，也是他活在这个世界上赖以生存的准则。拿掉了这些价值观，这个人将会因为顿失依附而感到焦虑、害怕。

我们自己如此，我们的父母当然也如此。

你想想：你在成长过程中向父母表达的各种情绪、不满、抵抗可曾少过？如果改变父母如此容易，那么经过你如此努力的表达之后，同样有害的互动模式又怎么会重复上演呢？

我这么讲，并不是为了替父母伤害你的言行卸责，而是要你认清：改变别人是一件非常困难的事情。如果不能接受这个虽残忍却又不争的事实，你将会耗尽全身的力气，到头来只能

是虚耗人生。

不过，如果你曾经长时间抱有想要改变父母的念头，也不要责备自己。因为那是你对他们的信任，你爱他们，你珍视这段关系，所以期待自己的努力可以改变你们之间的关系，也相信他们会为了你而有所改变。

请记住：改变别人，永远没有调整自己来得容易。

（三）停止逼自己过得和别人一样

改变的行动若要持续，还有一个关键的态度：你是否能放弃用别人认可的方式过自己的生活？

当你开始尝试改变时，因为与过往的生活经历不同，所以你会有些犹豫，也想与别人的生活方式做对照。但是对照之下，你可能会举棋不定，因为你将发现：

- 别人可以忍受来自父母的伤害而不反抗。
- 别人逢年过节迫不及待回老家，享受欢乐温暖的氛围。
- 别人可以拥抱父母，把对父母的"我爱你"挂在嘴边。
- 别人与父母互动时很开心，不会抱怨自己的父母。
- 别人可以放心和父母谈心事，不会犹豫或紧张。
- 别人可以向父母撒娇开玩笑，不用担心被骂。

这些经过对照之后的发现，有时候又会让你怀疑是不是自己有问题。如果不想着改变，是不是就不会引发更多的冲突。是不是就有机会拥有跟别人一样的亲子关系？

我们之所以羡慕别人，是因为在别人身上看见了自己很期待拥有，却总是匮乏的互动模式。实际上，我们不清楚这些人是否也有与父母冲突的时刻，也不清楚他们是否有类似于我们在亲子互动里的状况。在你没有看见的地方，别的家庭也有他们的冲突，也有难以启齿的秘密。所以你无须羡慕，也无须模仿别人的互动方式。

如果没有做好放弃和别人过一样生活的准备，你会总是质疑自己行动的正确性：为什么我跟别人不同，为什么别人不会跟我有同样的感受，是不是我有问题？

没有谁的正确才是真正的正确。

或许你也曾期待拥有温馨、和谐、充满接纳的亲子互动，但在现实生活中，如果没有这样的关系质量，那并不是你的错。

对于孩子而言，家庭的氛围与关系的样貌，不是他们能决定的。因为生长在不同的家庭，拥有截然不同的互动模式，所以你无须强迫自己必须活得跟其他孩子一样。

别人认为好的方式，对你未必适用。你决定改变，是因为你不想再继续承受家庭带来的伤害。所以，你不是异类，也不是问题人物，无须和别人比较。

请记住：别人的正确，不等于你的正确。

（四）停止"报复"的企图

长期忍受这些痛苦的孩子，可能累积了许多对父母的负面情绪，待他们成年且经济独立之后，因为不再需要父母的金钱与庇护，很可能会选择不再继续忍耐，决定展开反扑行动：

- 你们这样对我，我就让你们知道这种痛苦是什么样子！
- 现在我已经长大了，我一定要让你们难堪。
- 你们再干预我，绝对要让你们知道我的厉害。

有时候，我们想要以暴制暴或者"以其人之道，还治其人之身"，用从小被父母对待的方式，让父母也体验那种难受的滋味。

你通过伤害他们，让他们知道你被伤害的感受，同时也借由展示你现在的力量，威吓他们停止过往伤害你的行为。

你以为报复父母就能发泄心中的不满，疗愈童年的创伤。遗憾的是，报复行为只能带给你短暂的快感，却无法为你带来真正的疗愈。

想想看：你为什么要花这么多力气，让父母感受到跟你一样的痛苦？让他们感受到你的痛苦，对你有什么意义？

其实，你内心真正的需求是期待父母可以理解你，能对你这么多年来的痛苦感同身受。说穿了，这并不是报复的行动，而是一个孩子从心里渴望被父母理解的需求。

你采取伤害父母的方式来表达你的诉求，如同他们一直以来通过伤害你的方式来满足他们的需求。这样的互动只会让关系恶化，无法达到正向的改变。

报复无法帮助你达到自我疗愈的另一个原因是，大部分孩子虽然不喜欢父母的作为，但是也不期待看到父母痛苦的样子，更不要说父母的痛苦是因自己而起。因此，当父母因为你的行动而受伤时，你又会感到自责与愧疚。所以，你攻击得越猛烈，结果越成功，你就会越痛苦。

既然改变不是为了报复，那么关于改变，我们应该持什么样的态度呢？

改变的重点不在于行动的方式，而在于行动背后的目的。

纵使某一个行动会引起父母的不满，但因为行动的目的不同，对你的意义也会截然不同。例如：

- 你的离家，不是为了引发父母的焦虑，而是拥有属于自己的空间。
- 你的反驳，不是为了引发父母的怒气，而是想把压抑已久的想法说出口。
- 你的坦诚，不是为了引发父母的愧疚，而是诚实面对自己的感受。

请记住：你付出的努力，鼓起勇气的行动，不是为了伤害父母，而是要让自己过得更好，获得心灵的平静。

（五）停止逼迫自己"尽早放下"

"尽早放下"，往往只是为了摆脱冲突引发的焦虑，克制自己的负面情绪，这是与现状妥协并且放弃改变，并不是真正的放下。

在传统观念里，"放下"意味着用一种超然的态度来看待眼前的事情，不再计较，不记仇恨，彼此回归什么冲突都没发生之前的状态，用平和的态度来面对一切。因此，"放下"被认为是一种美德、一种值得学习的修行。

可是我们都忽略了：放下，是基于个人自愿且主动的行动。

我们太习惯把"放下"作为一种规劝他人或自己避免负面情绪的手段。例如，不去计较，就不会痛苦；不去追究，就不会发生冲突。而这种想法的背后，往往是害怕冲突继续扩大，难以忍受冲突带来的焦虑，所以这只是一种出于恐惧或者被逼迫的行动。

这种概念的谬误在于，放下就等于原谅，既然已经原谅了，那就不要再追究，而一切也会因此变得圆满且美好。

但仔细回想，这么多年来，你是否已经在无数次的受伤后，选择再给父母一次机会，不去在意自己的感受，不去放大检视父母的行为？这样的结果，换来的究竟是你想要的健康互动还是持续受伤的循环？这个答案，你比谁都清楚。

关于"放下"，你应该知道的是：

- 或许可以让剑拔弩张的关系稍稍缓解，但那是因为你已经决定放下对这段关系的某些期待与坚持，而不是为了讨好父母。

- 不代表认输或无能，而是不再坚持用这段关系满足自己的某些需求。

- 不是为了逃避痛苦的感受，而是为了在这段关系里重新找到让自己更自在的位置，并且从被控制、被剥削的关系里找回生活的自主权，从童年的伤害中慢慢走出来。

- 不是因为害怕得罪谁，而是要让长久以来严重失衡的关系，重新找到趋于健康的平衡。

"放下"绝对不等于"放弃"。事实上，要能够放下，得先承认自己的痛苦。你必须正视自己受的伤，诚实面对痛苦的感受，并且意识到以往的行动无法改变这一切，也无法满足自己的需求。唯有如此，你才能下定决心，调整自己的期待，改变行动，甚至不再坚持维系这段关系。

放下需要非常的毅力与勇气，不管你有没有向外界宣告，也不需要特地告诉父母。重要的是，你在心里告诉自己决定放下，而你也欣然接受这个决定。

所以，决定放下的时机、速度都掌握在自己的手里，没有人有权利干涉你。

请记住：想让自己过得更好是你的权利。为了改变原本的关系，有时候会引发父母的负面情绪，但那不是你的错，而是他们需要调适的部分。你是他们的孩子，但不是他们可以恣意对待的物品。

在本章，我们讲到了许多关于改变必须具备的重要态度，从而使自己在与父母的互动中避免受伤。接下来在第七章，我们将要讨论帮助自己在亲子关系中活得更健康、更自在的具体行动。

第七章

启程：重新找寻回家的路

你鼓起勇气开启一趟冒险之旅，奖赏则是活出更真实的自我。

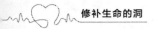

终于来到了这一章。

走在自我疗愈的路上，你或许已经阅读了不少相关书籍，也从中得知了许多具体行动的技巧。但对于这些书里的建议，你是否经常还没尝试就觉得可能无效，或者才练习没多久就想要放弃？难道真的是你缺乏勇气和毅力，还是你没有改变的能力，又或者是这些书的建议无效？

很可能都不是。

那些书上提到的技巧，如同武侠小说里各种厉害的招式，想要好好发挥这些招式，你必须先具备对应的内力，也就是前面提到的自我价值、自我效能。

以往那些充满指责、嘲讽和比较的语言，犹如一块巨型绊脚石，阻碍你形成珍贵的价值感；肢体上的暴力对待，如体罚、殴打，则会让你丧失保护自己的能力感。这些充满攻击的言行，让你误认为自己能力不足、不够勇敢、不够成熟，所以即使有再多的策略摆在你的面前，你依旧会踌躇不前。

因此，真正阻碍你改变的，是你内心经常对自己说的："我办不到，我不应该这么做……"可是这些声音失之偏颇，无法代表现在的你。所以，想要拥有改变的力量，就要将这些如鬼魅般摇曳在你成长过程中的魔咒拿掉。

本章的重点是帮助你在与父母的互动中，启动更有效的行动。

我将会引导你进行三项重要的练习：

（1）翻转现状，重新调整你与家庭的关系。

（2）学习欣赏自我的全新视角，让你能一点一滴生出真正的价值感。

（3）学习不同以往的应对方式，停止充满伤害的负向循环。

一、重新调整你与家庭的关系

人生就像一场戏，每一个人在成长的过程中都主动或被动地写下一部剧本，并且跟着这部剧本上演生命这场戏。时时检视并调整这部剧本，可以让你的行动更有弹性，用更健康的方式来营造你的生活环境与人际关系。

（一）下定决心，为自己的生活负责

"既然知道待在家里会受伤，为什么离家却又如此困难？"

你的答案可能是担心擅自离开会遭受父母的处罚，也可能是担心父母会因为你的离开感到孤单、难过。总之，我们经常以为自己无法离家是因为父母。可是，有时候问题其实与他人无关，而是出在自己身上。我们虽然在家里受了伤，但是因为

更害怕面对外在未知的世界而拒绝离家，把自己继续关在原生家庭里。

1. 改变前的庞大焦虑，使我们丧失行动力

我们在与父母的互动中，长时间感到被控制、动弹不得。如果有人好奇我们为什么不改变，我们的回答经常是："我也想改变，可是……"这种回答充满无奈，使人缺乏行动力，误以为自己真的只能被动忍受他人的对待，什么事都做不了。

想要破解这种"是的，可是……"的困境，重点不在于找寻更有效的改变方法，而在于妥善处理伴随改变而来的焦虑感。因为，你并不是没有办法改变，而是不做改变会让自己更舒服一些。

如果你看到这里会觉得好像被指责，有些不舒服，那么你可能太习惯把"没办法"这三个字作为避免冲突、规避风险的挡箭牌了。

生命中虽然有很多事情无法回溯、重新来过，但大多数时候，你可以选择用什么行动来应对，差别只在于行动之后的结果是否符合你的期待。

我们害怕的，其实是行动后的结果不如自己的预期，因而迟迟不敢做出决定、不敢行动、不敢改变，而不是我们真的没有办法行动。

不改变现状，就不会引发可能与父母发生冲突的恐惧，不用担心被父母遗弃，不用绞尽脑汁思考新的互动方式，也不用

承受行动之后可能面临失败的风险，而这些未知的情境，对许多人而言，是很不舒服的。一旦自我催眠自己没有能力，无法做某些改变就会变得理所当然。自我催眠久了，你会误以为自己真的没有能力，进而丧失了行动的自主性。

所以，请你告诉自己：不是我没办法改变，而是现在的我选择不改变。

不过，尽管我一直强调改变的重要性，但我的目的并不是逼迫你立刻做出与现状不同的行动。

2. 拿回主控感

不管你做出什么决定，重要的是，你必须清楚地觉察到：这是我带着觉知所做的选择，不是因为害怕或者讨好别人而盲目做的决定。如果你愿意正视这个事实，并且勇敢为自己的决定负责，那么即使最终你的选择是不改变或改变之后的结果不如你的预期，你也能甘心接受，不会觉得自己是无奈的，并且获得了为自己做决定的主控感。

另外，当你能清楚地觉察许多行动是自己的选择时，就必须好好面对自己的选择，并且停止要求别人为你的决定负责。当你能为自己做决定、为自己的决定负责时，离家与否将不再是令你苦恼的事情，因为，你已经在心灵层面获得真正的自由。

独立，找回生活的自主权，代表着不再依赖别人为你的生命做决定，因此你必须经常问自己：

（1）我想过什么样的生活？我的需求是什么？

（2）我想拥有什么样的人际关系？我允许别人用哪种方式与我互动？

（3）这种生活与人际关系可以帮助我过得更健康、更自在吗？

（4）我要如何行动才能获得这样的生活与人际关系？

（5）现在的生活与人际关系里，有哪些是我满意的？哪些还需要调整？

（二）接受自己终须"离家"的事实

我认为，人的一生至少会有三次"离家"的行动。

第一次"离家"是在你大约两岁、开始学习走路时，你对周遭的一切感到好奇，并且凭借开始强大的行动力，尝试远离母亲的视线去探索世界。

第二次"离家"通常是在青春期。这个阶段的你，或许还没有清楚的价值观与想法，但因为第二性征的成熟，开始觉得自己不再是个小孩。你虽然不希望父母再用对待儿童的方式来规范你，但也不习惯开始承担大人赋予你的责任。

第三次"离家"是在你走上社会、经济独立的那一刻。你不再伸手向家人要钱，也无须为如何使用父母给的生活费做交代，你有充分的理由凭借自己的能力过自己想要的生活。这一次的离家，对个人有相当重要的意义。你不仅在心理上更加独立，也象征自己已经成年，必须为自己生活的所有方面承担责任。

这个阶段，即使工作之后你还与父母住在一起，但因为有了你自己的收入，有能力也有责任和义务承担自己的生活，而不再依靠父母。此时，你必须重新思考：作为一个成年人，我想如何与父母互动，该与父母保持哪种方式的互动；我想与父母建立什么样的界限，如何建立这些界限。

对于"离家"这件事情，你无须感到自责或愧疚。

"离家"不是忘恩负义，也不是背叛和遗弃父母，而是孩子成长的必经过程，就像许多动物成长到某一阶段就会离开父母的巢穴，开始独立求生的旅程。你有自己的生命旅程，因此必须为经营自己的生活而努力。

"离家"最重要的意义，在于设定人我之间的界限，重新定义你与家人之间的关系，帮助你拥有生活的主控权。

如果你与父母的关系还不错，只是不太习惯他们总是干涉你的生活，那么你可以选择在原本的生活中，多抽出一些时间留给自己，偶尔婉拒父母的某些要求。

如果你的父母从小就对你的身心造成严重创伤，那么你可以选择用更强烈的方式切断与他们的接触与联系，确保自己可以平安生活，拒绝继续承受那些根本不该发生在自己身上的伤害。

你终究要以独立的姿态面对这个世界，如果你已经厌倦了总是别人为你做安排，那么请开始勇敢地面对自己的生活吧！

（三）重新找到自己在家庭的位置

即使你觉察到了童年的创伤，并且决定改变现状，那也不代表你必须与家人划清界限、恩断义绝。因为，纵使你早已认清父母不可能给你从童年时期就渴望的鼓励、关爱与接纳，你还是很期待与他们保持联结。

当他们看见父母长久以来的作为对自己的确造成许多负面影响，而自己竟然还想念与父母相处的美好时光，渴望得到父母充满爱的关照与抚慰时，会不由自主地对这样的自己感到厌恶，觉得自己很懦弱。

但是请你记住：你期盼得到父母无条件的爱，这并没有错，这是所有孩子都渴望被满足的需求。而没有办法得到这样的爱，不是你做错了什么或者你不够好，而是父母没有能力满足你这些基本且重要的需求。

对大多数人而言，尽管在家里受了伤，但还是会拥有与家人相处的美好回忆，所以想继续与这个家保持联结。这种既想逃跑又舍不得离开、既想断绝关系又想保持联结的矛盾心态是很正常的，你必须学习与这种心态和平共处。

如果你无须走到与家人断绝联系的地步，那么就得发展出一套更有效的自我保护方式，停止让自己继续受伤。

你必须在家里重新找到一个安全的位置，帮助自己摆脱不同以往那种困顿无力、被动忍受，总是让别人为你做决定的窘境。

这个新的位置是动态且健康的：

（1）你可以依照自己的情绪、感受、需求，随时且主动地调整你与家人的距离、互动方式，而不是像以前那样，只能被动忍受家人的对待。

（2）你是需要被尊重的。即使你的家人依旧像之前一样对待你，你还是可以选择用尊重自己的态度和方式与他们相处。

（3）你的感受是重要的。即使家人依旧否认或轻视你的心情、感受，你还是可以正视自己的情感，那是你最真实也最需要被照顾的部分。

（四）用更实际的眼光看待父母

对幼小的孩童而言，父母不仅知道的事情多、充满力量，连体形都比自己大上许多。

我们在童年时期经常从低处仰望父母高大的身躯，这幅画面将会深深烙印在我们心里，成为父母在我们心中的形象。即便我们长大了，与父母的身高差距从仰望到平视，甚至变成俯视，父母在我们心中依旧会保有强而有力的高大形象。

我们经常在心里将父母膨胀成巨大且充满压迫感的影子，并且认为自己渺小无力，感觉在父母面前是无能、没有力气、柔弱的。这种不切实际的压迫感，让我们不敢也不相信自己有能力保护自己。

我们应该打破对父母不实的想象，让这个膨胀的影子渐渐

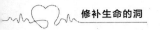

回到符合现实的大小，用平等且相互尊重的态度相处：

（1）父母也是常人，也有优点与缺点、喜好与害怕、情欲与需求，他们并非无所不知、无所不能的圣人，他们的价值观当然也不是唯一正确的标准。

（2）有些父母缺乏适当的教养态度，也不认为自己应该学习如何用健康的方式与孩子互动。他们只是凭借情绪化的反应来对待孩子，而这样的方式很可能会对孩子造成伤害。

（3）针对父母以往习惯对我们做的安排、伤害等行为，有意识地选择接受或拒绝，思考自己这么选择的原因、想要达到的目的或者想要避免的伤害。

重要的是，你不再是一个只能被决定的孩子，而是有能力思考、为自己做决定的成年人。

二、练习欣赏自己：采用正向的新视角

对于那些在童年受过伤的成年人，他们内在的自我形象往往不是一个成熟的大人，而是脸上挂着泪痕、穿着卡通图案上衣的小孩，那是我们小时候受伤时的样貌。多年之后，虽然外表已成熟许多，但内心依旧住着那个受伤的孩子，很多人称这个孩子是我们的"内在小孩"。

你很少察觉这个小孩的存在，只有当父母对你重复有害的言行时，他才会悄悄出现，拉拉你的衣角，捏捏你的手掌，窝在

你身边小声地哭泣："都是我不好。""我真没用。"

我们必须调整别人加诸我们身上的负面信息，学习欣赏自己。

（一）为自己建立价值感

从小就很少被爱、被妥善照顾的孩子，日后也可能通过不恰当的人际互动方式来获取匮乏的价值感。例如，成为刁钻难搞的消费者，要求各种特殊待遇（如不排队，直接入座），稍有不顺心就大肆飙骂；对他人的外表、能力或成就予以嘲讽或攻击，借以凸显自己的卓越；他们也会在生活中努力获取成就，并且借由自身的权力控制、诋毁他人，进而感受到自己的影响力。

当然，这种价值感既虚假又脆弱。

那些被你刁难或控制的人，虽碍于各种因素不与你正面起冲突，但他们轻蔑的眼神、敷衍的口气、刻意的疏远，都会让你重复一直以来不被父母接纳的失落感，也会令你再度陷入缺乏价值感的旋涡。

唯有看见自己真实的价值，你才能从心里真正接纳自己、喜欢自己，并且用健康的视角来欣赏周遭的一切。

各种外在的成就、表现，只是价值感的来源之一，我们不应该将这种外在的回馈作为唯一的价值感来源，那会令我们陷入与他人比较的痛苦中。真正重要的价值感，必须从我们的内

在慢慢产生，而这有赖于我们用什么样的态度看待自己。

1. 允许自己犯错：我们的生活充斥着"好，还要更好；只许成功，不许失败"的教条，让我们误以为犯错与失败是糟糕的，而这种过度严苛的教条也剥夺了人性，令人感到自己是没有价值的。

但是，人都会犯错，我们能够在犯错与失败的过程中获得学习，累积经验与智慧，并且逐渐成为更能够容忍挫折、更成熟的人。

犯错只是生命的一部分，跟你好不好、值不值得被爱一点关系都没有。允许自己犯错，才能让生活过得更放松、更自在；能够面对自己的错误，才能从中获得学习，降低再犯错的概率。

2. 找出例外：讽刺的是，虽然我们经常鼓励他人要往光明面看，但我们从小就被父母或学校教导要注意负面的部分。如果总是凝视黑暗，任谁都会迷失方向、被无力感吞噬吧？

每一件事情都有正、反两面，我们无须否认黑暗的存在，但也需要帮助自己看见光明的一面：

- 一个有偏差行为的孩子，一定也有贴心、善解人意、懂事的方面；一个聒噪不休的孩子，一定也有安静专心的时刻。
- 一个爱争吵的孩子，其实是有主见的；一个没主见的孩子，往往是听话且顺从的。

● 一个人之所以有挫败的情绪，是因为他曾经努力尝试过；一个人之所以生气，是因为他认真在意某些事情。

一些行为因为没有满足大人的期待，所以孩子被贴上负面的标签。而我们必须帮自己看到被忽略的正向面，留意这些正向特质出现的时刻，妥善发挥，让这项特质或行为帮助我们生活得更好。

3. 珍惜自己内在的宝藏：一提到宝藏，我们不免又想到学业表现、事业成就、薪资收入……停！请你暂停这种习以为常，但其实失之偏颇的联结。

容我再次提醒：你的价值，不是与别人比较才能凸显，才能证明它的存在。

在那些比较之外，你还有值得被重视却经常被忽略的部分。

（1）坚持的毅力：有没有哪一件事情，无论是否被称赞、被鼓励，你都未曾轻易放弃过？别急着解释"那只是一件小事"，能够坚持一件你喜欢、你想完成的事情，是值得被肯定的。

（2）易受感动的情感：大人可能会指责你很懦弱、很爱哭，这种不实的指控往往来自大人对情绪的恐惧。事实上，一颗容易被触动的心是柔软的、善于贴近他人的，也因此能保有对环境的敏锐度，对人有更深的理解。

（3）善良的动机：遇见流浪的小狗、小猫，你是否忍不住

蹲下来摸摸它们，买食物让它们填饱肚子？看见他人的不幸会起恻隐之心，想伸出援手？无论你最终是否付诸行动，但内心那一份柔软、同理的善良，也是你很正向的资源。

除此之外，请你练习重视他人给你的赞美或肯定。别轻忽或否认别人对你的正向响应，除了试着大方地道谢之外，也可以诚恳地请教对方欣赏你的哪些部分。别人的具体回应，会让你有机会更加了解自己。

（二）你长大了，并且是有能力的

"你年纪还小，还没办法……"这是你小时候经常听到大人对你说的话，表面看起来是善意的提醒，实际上却是巧妙地发挥控制的效果。一旦你对这句话深信不疑，就永远没有改变现状的可能了。

一直以来，你的父母很少将你当成独立的个体来看待：你的感受不被接纳，想法不被尊重，行为难以得到鼓励，所以你也一直误以为自己还是一个只能等待被他人决定、被喂养的儿童，这完全是错误的认知。

事实上，当你能够觉察自己是否在这段关系里受伤，反思是否该做些什么改变时，就证明你是一个有能力的大人了。

如果你的父母从来没有将你当成大人，那么你就更应该把自己当个大人来看待了。

但是，成为大人并不是空喊口号，而是要有相对应的态度与行动。

1. 你有权决定如何看待自己：以往你习惯别人给你的称谓：某某家的小孩、某某学校的学生、某某公司的职员、善于持家的太太、害怕面对人群的胆小鬼……这些称谓充满了他人的价值观，也剥夺了个人的主体性，因为你是某家的小孩，因为某些成就或表现而得到这些称谓。这些称谓只是外在世界看到的你的一部分，但无法完整地代表你个人。

除了这些你习以为常的角色，请开始使用不同的观点来看待自己：

（1）如果不提及父母、学校、职业，你会如何向别人介绍自己？

（2）除了薪资、学历、外表，你很期待被别人认识的部分是什么？

（3）关于这一生，如果要给你颁发奖状，你期待上面写的事迹是什么？

2. 你有权决定接受何种互动方式：我们无法决定别人的行为模式，但若没有你的同意，谁也不能伤害你。从此刻开始，你可以和颜悦色地响应那些你能接受的互动方式，并且可以适度地忽略或拒绝那些不尊重你、伤害你的言行。当然，这也意味着你必须为自己的感受负责，如果你不想继续受伤，就必须学习拒绝有害的互动，而不是像孩子般抱怨："我也不想……但我没办法……"这种语言一点帮助也没有，只会让你更无力。

3. 你有权尊重自己的想法与感受：对于每一件事，先问问自己的想法与感受，不要急着担心父母会不会生气、他们的想法是什么。比起担心被骂，你更需要学会倾听自己的想法与感受，那是一直被你忽略的部分。

苏珊·佛沃（Susan Forward）在《母爱创伤》一书里，曾教导读者用四句话协助自己探索与父母互动中的负面感受：

（1）你曾经对我做过……

（2）我当时真实的感受是……

（3）这对我后来造成的影响是……

（4）现在，我希望你这么做……

你不一定要告诉父母这些话，但我鼓励你用这四句话帮助自己练习整理与父母互动时的经历，因为这将有助于你辨识自己在哪些时刻受了伤；你的感受是什么；那些伤害对现在的你残留了哪些遗毒；如果可以，现在的你，期待别人如何对待你。

（三）把随心所欲的童年"活回来"

如果你的童年生活充满许多大人的规范和要求，而你也总是很听话、很努力地处处迎合这些期待，那么我相信你的生命有很长一段时间其实是围着大人转的。

听话没什么不好，但对于孩子而言，听父母的话就必须忽略自己的声音，因为只有忽略自己的声音，才能专心地听父母的规范和要求。

如果你是这样的孩子，我会鼓励你在生活中做些自己喜欢的事情。这些事情无关效率，无关有没有益处。简单也好，复杂也罢，总之就是你喜欢做的事，或者一直放在心里的梦想。重点是，让自己有机会当一个无忧无虑的孩子，那是你一直都没有过的经历。

以前你总是用别人规范的价值生活，现在你可以试着用自己想要的方式生活。比如：

- 在工作日请一天假，待在家里做想做的事或者什么也不做。
- 节假日不设闹钟，让自己睡到自然醒，在床上发懒打滚。
- 买一张车票或临时挑一站下车，体验一趟随兴而至的旅程。
- 偶尔上班迟到了，不要急着跳上出租车。买一杯饮料给自己，静下心，等待下一班车的到来。
- 偶尔多点几道自己喜欢的菜，或许根本吃不完，但你可以打包回家，可以邀请邻桌的客人一起享用，也可以就是摆着。

这些事情是你在生活当中很少尝试的，或许你曾经想过，但总是不被允许去做。在做这些事情的时候，你无须像平常那样提醒自己这些事情是不是已经完成，如何把这些事情做得更

好。该努力做、该改善、该反省的事情，在成长的过程中，你已经做得够多了。

重点是你想做就去做，因为你一直没机会去做，所以试着去体验。你的生活不再只是被别人允许、赞同，还包括主动尝试去体验、享受，然后开始拥有为自己做决定的机会。

实际上体验过后，你会发现其实这些以前被大人禁止、被诋毁的生活方式，对你整体的生活无伤大雅。请放心，你终归会回到正常的生活轨道与步调，如果你是从小就被父母严格要求，长大后也用这些严格的教条来规范自己的人，你根本不必担心自己会失控，毕竟你最熟练的能力之一，就是控制自己的生活。

如果你觉得这样的生活很任性、很随性、很无厘头，那就对了！这不就是一个孩子该有的样子吗？

孩子很认真地玩耍、很开心地吃饭、很放松地睡觉，他们从来不会在吃饭的时候担心体重，不会在睡觉的时候挂念工作，也不会在忙着写作业的时候担心其他的事情。只有身为大人的我们才会提醒自己要认真工作，努力满足他人的期待，却认真过了头，忘了休息，忘了健康，最终也忘了要照顾好自己。

现实生活虽然无法任你随心所欲，但察觉到自己实际上有能力去做这些开心的、想做的事情，就会让自己重新获得希望感、能力感。

（四）学习信任自己，才能生出勇气

我遇到很多求助于心理咨询师的人，开口就问："我对自己很没自信，我希望可以多一点勇气。"

"有了勇气，生活会有什么不同吗？"我问。

"当然了！如果我有勇气，就可以告诉别人我的底线，说出我的需求，不再受委屈……"他回应。

"那你怎么知道现在的你没有勇气呢？"我好奇。

"因为我现在还不敢去做想做的事……"他回答。

许多对话到这里就卡住了。"因为少了什么，所以无法去做某事"听起来好像很合理，可是，如果抱着"等待勇气与自信降临"的被动心态，你永远都无法拥有属于自己的勇气。

想要拥有勇气，就必须清楚地知道勇气是什么。

还记得第四章提到的"自我效能感"吗？也就是一个人知道自己的能力，相信自己可以完成哪些事情的主观感受。但是这种感受通常不会自己突然跑出来，而是通过生活中大大小小的事情，去尝试、去体验，甚至冒一些险，然后从中获得"哇，原来我可以达到这个程度"的感受。

从这样的感受当中，你会产生更多、更新的自信。当未来面对新的挑战时，虽然没有挑战过，但是敢于相信自己有一定的能力迎接挑战。

成功了，你能够欣赏自己的努力、能力。失败了，你也敢

于反省，找出更好的行动策略，并且相信如果再来一次，自己能够有不同的表现，然后告诉自己："或许有些事情对我而言的确不容易，不过，这不代表我是一个没有能力的人。"而不是转身回避事实，然后一味地怨天尤人。

这样的概念，不就是我们渴望的勇气吗？

所谓的勇气，就是你愿意相信自己。不是因为行动之后的结果好坏，而是面对困境的时候，你敢于面对挑战，用心思考应对的策略，即使最后发现自己无力应对而向外求援或者宣告放弃，那也是有勇气的表现。

因此，如果你期待自己拥有勇气，就试着去处理生活中遇到的问题，从中学习鼓励自己，而不是被动地等着谁来对你说好话、赞美你：

- 虽然这件事情做起来很困难，但至少我尝试去做了。
- 虽然结果不如预期，不过我努力过了，至少没让自己留下遗憾。
- 虽然成效不大，但因为我的努力，让事情至少不是停留在原地打转。
- 事情之所以顺利，是因为我真的做了不少努力。
- 我能够正视迎面而来的挑战，就是负责和勇敢的表现。至于处理得好不好，那中间有太多变量，不是我能全然掌控的。

三、练习尊重自己：采取新的应对姿态

想要达到有效的改变，你需要一套明确可行的计划和具体行动策略。认真执行这套计划与行动策略，能够帮助自己稳住行动的脚步，避免在充满情绪的互动中迷失方向。

这里给读者提供六种具体的行动策略，除了评估风险这项建议读者可以时时用来检视自己的行动策略外，其他的策略并无一定的顺序，视你的需求，决定从哪一项开始练习都可以。

（一）评估风险

评估风险是开始任何行动之前最重要的步骤，目的在于减少无谓的冲突，减少自己面对冲突的力道。但不要误会，评估风险不是要寻求所有人的认同，否则一旦开始顾及他人的感受，你又将过度放大风险，令自己胆怯而无法继续行动。

当你针对改变的行动进行评估风险时，可以从三个方面思考：

1. **期待**：在与父母的互动中，你渴望什么，想获得什么？这些东西真的是你需要的吗？若没有满足这些需要，对你会有什么影响吗？这些无法从父母身上得到的需要，你可以为自己满足的是哪些呢？

2. **行动**：哪些方式可以满足你的期待或需求？这些方式你

曾经用过吗？哪些有效？哪些无效？生活中还有哪些人、哪些地方可以帮助你想到更多的行动方式？

3.风险：哪些行动比较保守却比较安全？哪些行动的强度较高？这些行动会带来什么令你担心、害怕的后果？现在的你，承受得了这些后果吗？承担这些后果，真的会令你难以动弹吗？你有哪些应对冲突的方式？这些应对的方式对你有正面帮助吗？

虽然你的行动极有可能会引发父母充满负面情绪的响应，但这些令人受伤的响应你已经承受了很多。虽然难受，但至少你挺了过来，没有被打倒，这代表这些响应尚不足以摧毁你。但一直处于这种互动中，对你的身心没有任何益处。因此，现在轮到你拿回自己的主控权，通过不同的行动策略，改变不健康的互动模式。

（二）练习"纯粹告知"，而非"期待妥协"

孩子之所以与父母分享生活中的大小事，一是基于家人之间亲密的联结，二是吸收父母作为过来人的生命经验，但这并不代表孩子得将生活中大小事的决定权交给父母。

以往，我们总是习惯获得父母的同意，才去做某些事。这等同于把决定权交到父母的手上，美其名曰"尊重与孝顺"，实际上却逐渐丧失了自己的主控权。

身为一个成熟的大人，你必须学习为自己做决定，为这些决定负责，并且有勇气婉拒他人过度的干涉。

对于自己的生活大小事，你应该持有的态度是：

- 要不要与父母分享你的生活点滴，是出于自愿而不是被迫。
- 你可以选择要分享多少生活内容，而不是毫无保留地和盘托出。
- 生活中的大小决定，你可以选择告知父母，但不需要被迫讨论。
- 你可以与父母讨论事情，但不必屈服或妥协。
- 你可以接受父母的意见和想法，但不见得要取代你原本的想法。
- 你可以表达"听到了"，但不是非得立刻做出回应。
- 你可以拥有自己真实的感受，而不需要经过父母的允许。

必须经过他人允许才能获得的自由，并不是真正的自由；真正的独立，无须征得他人的同意。

（三）重点是"实际去做"，而非关注"谁的反应如何"

当你鼓起勇气做出某个改变，但父母对此不满或者根本没有关心你为何有此行为时，你当然会感到失望，这是很自然的反应。毕竟在这段关系里做出取舍与改变，不是你原本期待的，这行动的背后累积了许多委屈和难受，偏偏父母只对你的行动表示愤怒，而无法给出你需要的同理和安慰。

你要记得提醒自己："谁的反应如何不是重点，重点是我能够去做。"整个过程中最值得被鼓励的是：你能不同以往，表达出自己的想法，而不是他们是否表现出你期待中的响应。

类似的行动，诸如：

- 如果父母经常擅自进入你的房间翻阅东西，请将房门或书桌抽屉上锁。
- 告知父母你可以接电话的时间，在这时间之外，你无法随时应答。
- 告知父母他们的某些话、某些行为会让你感到不舒服。
- 把假日留给自己，婉拒参与父母未经你同意就安排的聚餐或相亲活动。
- 当父母对你做出非理性的责骂、情绪失控的攻击时，请试着不做响应并离开现场。

你的行动告诉对方你的底线在哪里，你允许别人用什么方式跟你互动，如果他们想要与你联结，得到你的响应，就必须用尊重的态度来与你互动。一旦获得成功的经历，你将会体验到前所未有的舒畅、自在，那种正向的愉悦感将带给你更多行动的勇气。

"都不管别人的感受，这样的我很自私吧？"如果你在做这项练习之前，依旧存有这种疑虑，请让我为你再次澄清：

（1）你的行动不是要伤害父母，而是要让自己过得更自在、更健康。如果父母愿意接纳你真实的样貌，那他们就不至于感到不舒服。

（2）你的行动是为了保护自己的界限，避免别人经常对你做出"侵门踏户"的冒犯行为。如果你只是想保护自己，却惹来他人的指责，那么问题到底出在谁身上呢？

（3）付出实际行动才能知道结果如何，事情也才可能有所不同。即使别人的响应让你不舒服，但一直忍耐并不会更好过。相较于过往的压抑，你至少已经勇敢地迈出新的步伐。

（四）保持距离，以策安全

即使你暂时无法改善与父母面对面时的互动方式，也无须气馁，至少你可以先在物理层面保持距离。这么做，同样可以让你获得喘息的空间。

1. 降低返家的频率： 从每周末都回家改成两周回一次家，增加自由与放松的空间。

2. 缩短相处时间： 以往从周五下班到周日晚上或者逢年过节的连续假期都待在家里，可以调整为周六上午返家、周日中午离开或者在连续假期里选择几天待在家就好。缩短待在家

里的时间，减轻压迫感，降低冲突的频率，间接提升相处的质量。

3.选择在能量充足时互动： 人在情绪与精神不佳的时候容易情绪失控、忍受力降低，也倾向使用负面观点来看待事情，这时候家人的一些行为容易令你感到烦躁，进而引发冲突。

如果有重要的事情要讨论，请选在你体力充足、精神饱满的时候进行，帮助自己做出比较适当的响应与判断。

4.打破"随传随到"的模式： 以往你只要看到父母的来电就得立刻接起、立刻响应，现在你可以选择在自己工作之余或者精神状态良好时回电。晚一点回电话也能让你有一些时间稍做准备，在通话时做出比较好的回应。

（五）适度使用"善意谎言"

家人之间的冲突通常是因为无法理解彼此，偏偏这又是我们最渴望从家人身上获得的，所以我们投入许多时间、做出许多努力想得到父母的理解，但许多冲突又因此而生（请参考第五章）。

你必须认清一个事实：父母很可能永远无法理解你的感受与需求，也无法为你充满勇气、想要改变的行动给予祝福。因此，适度松动"想要被理解"的坚持，反而能降低发生冲突的频率，也为你省下一些面对冲突的力气。

例如：

- **对于你不喜欢做的事：**以往你试图让父母理解你之所以抗拒的原因，但说出原因反而遭受父母责备。现在的你找一个父母比较能接受的理由即可，无须完全坦露自己内心真实的声音。

- **对于你无法做到的事：**以往你事事都想努力达成父母的期待，在失败时感到自责、愧疚，而且苦恼如何让父母理解你的困境。现在，你可以找一个比较能让父母接受的理由作为交代。例如，因为堵车而错过面试的机会，因为加班而无法参加父母安排的相亲活动。

- **对于与你无关的事情：**以往你努力让父母了解有些事情不是你的责任，所以你拒绝配合，因而被贴上自私的标签。现在你可以借由某些充满无力的理由来回应："我也想帮忙，但时间（金钱、能力）不够……""如果我帮他，可能会让自己失去工作（婚姻、家庭、事业）……""如果我这么做，可能会被某人误会……"

　　说谎固然是一种迂回的沟通方式，但当你的感受与需求总是被父母拒绝、指责时，适时使用"善意的谎言"，反而能达到自我保护的目的。

　　更重要的是，你要清楚自己说谎的原因是什么，也要清楚这是在经过许多挫折之后不得不做的选择。如果这样做能减少你受到的责难，何乐而不为呢？

清楚自己某种行动背后的原因及目的，才能让这种行动在需要的时候上场，在不需要的时候退场。

说谎是在拥有觉知的情况下才能使用的策略之一，而不是连自己都被谎言蒙蔽。毕竟在这个世界上，最不该欺骗、最应该把话讲清楚的对象，就是自己。

（六）善用快速降温法

即使知道许多适当的态度与技巧，但当状况突然一发不可收或者你尚未想出如何应对父母的方式时，很有可能因为焦虑而乱了阵脚。这时候你可以使用一些效果虽短暂但实时的技巧，帮助自己快速降温，避免引发更大的冲突。

1. 进入现场前——预先做好心理准备

若你已预料到即将开始的互动又将上演令你痛苦的戏码，可以先在心里提醒自己："待会儿听到的都是偏颇且主观的语言，听听就好，无须认真响应。""太认真，反而让事情更麻烦。"接着，预想一下待会儿可能会出现哪些负面语言，这些语言以往很容易瞬间就扯断你的理智线，让冲突一发不可收，但当你预料到会出现这些负面的语言时，就像爆点预先被曝光的恐怖片，看起来就没有那么可怕了。

想不出有哪些负面的语言会出现吗？没关系，请你从第一章开始翻阅，相信可以从中搜集不少父母惹怒孩子的语言。

2. 进入现场后——借故暂离现场，分散注意力

预先准备几个理由，必要时用来帮助自己暂时脱身。例如，上厕所，关电脑，检查停在外面的车子是否上锁，回复公司重要的信息，等等。

离开现场后，通过一些简单的动作刺激自己的感官，分散集中在负面情绪的注意力，帮助自己恢复比较稳定的情绪状态。

- **视觉**：眨眨眼，然后环顾周围的景物，从中找到一个特定的物体注视（路过的小狗、一棵树、一朵云、一盏路灯），并且天马行空地想象与这个物体有关的各种内容。

- **听觉**：聆听周围有哪些声音存在，风声、车声、邻居的谈话声、小区广播声……持续仔细地聆听，你还注意到哪些声音？

- **嗅觉**：深呼吸，闻一闻盆栽里叶子或花朵的气味、身上衣服的味道，也可以尝试气味较浓烈的风油精、薄荷膏、跌打损伤贴……

- **味觉**：喝一杯冰凉的饮料，吃一口蛋糕、一片饼干、几粒葡萄干（建议是味道较重的一些食物）……

- **触觉**：用冷水洗脸，按压穴道，在原地轻轻跳跃几下，伸伸懒腰等。

3. 若无法离开——冷处理：练习让自己"出戏"

如果暂时无法离开现场，还有一个方式能够帮你降低情绪波动的程度，我将这个方式称为"出戏"，也就是将自己从当下的情境中抽离出来。

你可以想象自己的身体轻飘飘地上升，远离正在上演冲突的现场，并且从一种旁观者的角度，观察眼前这家人如何上演一出名为"冲突"的剧目，找出你对这一出剧最熟悉的剧情，预测接下来会如何进行，并且想想看：依据过往的经验，如果想让自己全身而退或者减轻伤害，说出哪一句台词比较妥当。

这么做的目的在于，将自己与不舒服的情绪、感受拉开一段距离，避免情绪失控的状况发生。

在练习这六种具体的行动策略时，请记住两个原则。

1. **熟能生巧**：面对强烈的冲突，你经常会感到害怕、焦虑，所以无法同时分心思考如何运用这些技巧。因此，针对这些方法，如果想在需要的时刻瞬间且熟练地运用，你必须从日常生活或较小的冲突情境开始练习，逐渐达到熟能生巧的程度。

2. **循序渐进**：通过风险评估，从较低强度的行动、不具威胁性的对象开始练习。放慢脚步，从小的成功经验逐渐累积，慢慢形成一套新的应对姿态，再将熟练后的技巧拓展到其他的互动当中。

◆ 结语 ◆

为生命创造正向涟漪

"受伤的人是我，为什么我还得为这一切努力？""为什么不是那些伤害我的大人改变？"假如你的内心有时会跳出这样的声音，请你温柔地告诉自己："我知道你很难受，我可以理解。可是要想摆脱这种充满伤害的互动，就需要你做些努力，事情才可能有所不同。"

接着，请你认真地问自己："你想不想拥有自在的生活，想不想拥有健康的关系？"如果答案是肯定的，那么你就不需要把注意力放在坚持"该由谁先做改变"这件事上。

想要打造健康的关系与自在的生活，请把行动的掌控权握在自己手上：主动去练习可以为自己带来正向改变的行动，无须被动等待谁来为我们做些什么。

终止恶性循环，打造健康生活

任何一个正向的行动，都可能对充满负向循环的关系带来建设性的影响；任何一种正向的改变，都可能为僵化的现状带来新的可能。

你的父母或许将祖父母对待他们的方式复制到他们与你的关系当中，而你也可能将父母对待你的方式，用在你的亲密伴侣、儿女或者其他人际关系中。无论这一切是从哪里开始的，一旦你觉察了这种不健康的状态，即使无力改变父母，你也可以开始练习用适当的方式来响应他们，并且以更尊重的态度来对待自己。

你不再需要通过伤害、攻击别人来满足内在匮乏的价值感，也不需要借由扭曲的方式要别人为自己负责。与此同时，你也无须再接受他人无谓的攻击，不需要替他人负起他们该负的责任，即使这个对象是你的父母。

让负向循环在你的身上就此打住，你值得拥有更健康的亲密关系，过更自在的人生，让你身上珍贵的能量用在可以让生活过得更好的层面上！

将改变带来的正向效应拓展到生活的其他层面

本书是从邀请读者思考三个问题开始的，在即将进入尾声之际，我再度邀请读者从对三个问题的思考来为自己的阅读经验做整理：

（1）在本书里，令你印象深刻或者有所感触的是哪个章节的内容？

（2）读完本书，你发现自己以往习惯用哪些方式来面对父母的控制、比较或指责？

（3）读完本书，在你的心中是否逐渐酝酿出一套可以让自己活得更自在、更健康的行动计划？如果可以，你打算如何开始呢？

在学习与成长的过程中，最重要的是将学习成果运用到生活中的其他层面，让学习的效果可以最大化。

本书的重点是带着成年后的孩子重新回到自己的原生家庭，探索我们与父母在互动过程中所受的伤害，但是我们可以觉察与学习的范围并不局限于此。因为，人的生活是完整而无法切割的，我们会把在家里学到的行为带到学校与社会，也会将原生家庭的关系模式复制到生命中的其他关系里。

尊重彼此、保护自己的态度，应该落实在生活的所有关系中。

如果你已经开始思考并尝试改变你与父母互动的方式，那么也请将这样的努力拓展到其他的人际关系当中。

让你努力获得的正向成果，像湖面上优雅且持续扩散的涟漪，为自己创造自在、健康而美好的人生。

愿本书能陪伴你生出冒险的勇气，祝福你！

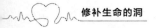
· 后记 ·

你，看得见自己吗？

在许多讨论家庭议题的课程里，我常被听众问的问题就是："你们当心理师的总是可以说出很多理论和技巧，是不是你们本来就很懂得怎么跟别人沟通，是否不太会跟家人起冲突？"

为了回答这些问题，在本书结束之前，我想讲一个故事。

从小，我就认识一个年纪与我相仿的小男孩。

对他的认识，绝大部分是从他周围大人口中的"罪状"一片一片拼凑而来的：

罪状一：容易动怒，连为何生气的原因都说不清楚。

罪状二：以自我为中心，时常据理力争，拒绝对他人妥协。

罪状三：自作主张，从不与家人讨论生活中的各项重要决定。

罪状四：个性冲动，经常瞬间发泄自己最真实的情绪。

罪状五：我行我素，不愿配合传统礼俗，总有一套自己的说法。

小时候，我曾经问他："你为什么这样？你喜欢这样的自己吗？"

他困惑地说："我也不知道我怎么会这样，我觉得自己好像很糟糕。"

上了初中之后，他与父母的冲突加剧。我问他："你一点都没有变啊！你难道不想努力改变吗？"

他竟愤怒道："改什么改？反正你们打从内心觉得我不好！既然努力了也没用，干脆继续当你们说的那种人好了。"

就像这样，他很难讲清楚自己的想法与感受，说出来的话就像锐利的刀刃，伤人却无法让别人理解他。虽然我也曾经认为是大人误解他，但渐渐地，连我也开始觉得有问题的人是他。

初中毕业后，他跟我一样考上外地的高中，开始独自外宿的生活。据我所知，他和家人聚少离多，相处的时间有八成讲不了几句话就起冲突，剩下的时间则是冷战。后来，我开始专注自己的课业，与他渐行渐远，也越来越陌生。

大学毕业后，我又在军队中遇到了他。

他不抽烟、不喝酒，但是迷恋苦涩中带着微酸的咖啡。他茫然地说，他好像在成长的过程中遗失了自己。不知道自己未来要做什么，不知道与家人的冲突是因为自己不被理解还是因为自己不懂事。他很想家，但也容易在与家人互动时受伤。

"大家都觉得我说话很伤人，所以不相信其实我也很脆弱

吧？"他苦笑。

我不知道该怎么回答，只是静静地听着，喝完咖啡，然后起身离去。

退伍几年后，听说他投入了心理咨询的工作，而且还专门与那些被认为忤逆大人、充满偏差行为的儿童与青少年谈话。

"开什么玩笑？一个从小被认为脾气很差、很难相处的人，竟然变成专门与儿童、青少年谈话的心理咨询师？这肯定是一场误会，不然就是现世报。"我心想，发生了这么光怪陆离的事情，是时候找他聊聊了。

"我也不知道原因，总之后来就成了一名心理咨询师。"他又露出了一贯的顽皮笑容，同时将磨好的咖啡豆倒进咖啡机里。

我露出难以置信的表情。

"不过，"他突然认真地说道，"我在他们的身上仿佛看到一份不被大人理解的苦闷，而这种苦闷我却莫名熟悉，所以我经常可以理解他们被别人认为偏差的行为，理解他们不为人知的情绪。"

他说，他发现许多孩子终其一生努力工作，只是为了得到父母的认同与鼓励；许多孩子长时间没自信，仅是因为父母一句有心或无心的贬低；有些孩子之所以放弃自己，是因为不管自己怎么做，也无法改变他们在父母心中的样子；有时候冲动的响应，其实反映了他们对父母在乎的程度；他们的愤怒，很多时候是因为太多太复杂的信息在内心冲撞，即使是语言能力成熟的大人，都未必能清楚地娓娓道来……

　　"很多人或许难以置信，孩子那些表面上被认为难教、叛逆的行为，其实充满了对父母的爱，以及渴望得到父母的关爱。

　　"这些孩子找不到被大人认同的方式、达不到大人期待的目标，只能在一次次的挫折中越来越无力。即使如此，孩子对家的爱都还在，却因为害怕受伤，所以筑起了高大的围墙，把自己囚禁在里面……

　　"你相信吗？我在这些孩子的身上，仿佛找到了自己真实的样子。

　　"虽然，我依旧在探索与家人相处的方式，但是找到了自己，就觉得踏实了许多。我知道也许没办法很快改变自己，但可以练习调整与家人的互动模式，而且我很清楚那样做的目的是什么，所以，不用再担心为了满足别人而失去自己真实的样子。"

　　炭焙的香气缓缓地弥漫了整间书房，他起身拿了两个杯子，分别倒满刚煮好的咖啡。我从他手中接过热气腾腾的咖啡，轻轻地啜饮了一口，在苦涩的口感散去之后，竟有一股清新的果香浅浅地萦绕在呼吸之间。

　　我回答完听众问的问题了。